Gregor Gysi

Wie weiter?

Nachdenken über Deutschland

Das Neue Berlin

ISBN 978-3-360-02164-9

© 2013 Das Neue Berlin, Berlin
Umschlaggestaltung: Buchgut, Berlin, unter Verwendung
eines Motivs von Werner Schüring
Fotos: Robert Allertz S. 22, 31, 34, 45, 46, 54, 56, 61, 67, 75, 76, 82, 96,
98, 113, 116, 120, 133, 171, 176

Printed in EU

Ein Verlagsverzeichnis schicken wir Ihnen gern:
Das Neue Berlin Verlagsgesellschaft mbH
Neue Grünstr. 18, 10179 Berlin
Tel. 01805/30 99 99
(0,14 Euro/Min., Mobil max. 0,42 Euro/Min.)

Die Bücher des Verlags Das Neue Berlin
erscheinen in der Eulenspiegel Verlagsgruppe.
www.eulenspiegel-verlagsgruppe.de

Inhalt

Wie weiter? 7
1. Warum bin ich Sozialist? 19
2. Zurück zum Primat der Politik 29
3. Eine Wende in der Energiepolitik 43
4. Altersarmut verhindern 49
5. Macht der Konzerne beschneiden 59
6. Wohnen muss bezahlbar sein 65
7. Soziale Gerechtigkeit für alle 71
8. Perspektiven für die Nächsten 81
9. Gemeinschaftsschule für alle 85
10. Abschaffung prekärer Arbeit 95
11. Ich bin für Auflösung der NATO 101
12. Auch die Justiz braucht Reformen 105
13. Steuergerechtigkeit herstellen 109
14. Regresspflicht für Politiker? 119
15. Ja zum Euro und zur Demokratie 125
16. Die Demokratie verteidigen 137
17. Ausdauer und Hartnäckigkeit 145
18. Kinderbetreuung von vorgestern 151
19. Und nun auch noch Zypern 155
20. Ja, Reichtum für alle 163
21. Mindestlohn und frisierte Statistik 169
22. Kein Export von Rüstungsgütern 175
23. Keine Patriots nach Nahost 181
24. Für den sozial-ökologischen Umbau 185

Es ist fast unheimlich, wie gewinnend
und überzeugend Gregor Gysi,
Bundestags-Fraktionschef der Linken, ist,
wenn er einem persönlich gegenüber sitzt.
Gut für die Immobilienbranche, dass der Mann nicht
in einer massentauglicheren Partei ist.

Brigitte Mallmann-Bansa
in: *Immobilien-Zeitung.*
Fachzeitung für die Immobilienwirtschaft,
23. Mai 2013

Wie weiter?

Parteienforscher wollen herausgefunden haben, dass »der Wähler« nicht Wahl- oder Parteiprogramme, sondern »Nasen« wählt. Womit gesagt sein sollte, dass ein Kreuz hinterm Kandidaten oder der Kandidatin nicht wegen jenes Papiers gesetzt werde, das auf langen parteiinternen Sitzungen, in offenen oder geschlossenen Runden, kollektiv erstritten wurde, sondern weil er (oder sie) beim Wähler ankommt.

»Ankommen« ist ein doppeldeutiger und darum missverständlicher Begriff. Die einen verstehen darunter, sich ans Wahlvolk ranschmeißen zu müssen, ihm zum Munde reden. Nach meiner Wahrnehmung funktioniert das kaum: Die meisten Menschen haben inzwischen ein feines Gespür, ob sich ein Politiker oder eine Politikerin opportunistisch verhält. Andere rechnen auf Zustimmung, indem sie Versprechungen machen, die sie im Falle ihres Wahlsieges nicht einlösen werden. Sie verhalten sich wie Immobilienmakler, die Parzellen auf dem Mars verhökern. Das Angebot klingt verlockend, doch es ist unrealistisch. Die Hoffnung, dass solche Versprechen auf die Zukunft hingenommen werden, gründet auf der partiellen Amnesie des Wahlvolks. Denn erinnerte es sich der vor vier Jahren abgegebenen Offerten, bemerkte es, dass kaum ein Wahlversprechen von damals eingelöst worden ist. Es gibt vielleicht Ausnahmen, aber kaum jemand holt Programme und Koalitionsverträge hervor, die Jahre zuvor geschlossen wurden. Anderenfalls würde der Zweifel an der Glaubwürdigkeit des neuen Angebots erheblich sein.

Dieses Problem registriere ich nicht erst seit Beginn der schwarzgelben Regierungskoalition, deren Kanzlerin vier Monate vor der Bundestagswahl 2013 einen Katalog offerierte, der selbst in den eigenen Reihen umstritten ist. Aber nicht, weil man davon schon einmal vor vier Jahren gesprochen und nichts gehalten hatte, sondern weil die Kritiker auf fehlende Mittel verweisen.

Das ist Despotenart: Geschenke versprechen für Zustimmung. Nüchtern betrachtet ist das Stimmenkauf ohne Rückgaberecht.

Jetzt kommt der Einwurf: Doch, man kann sich ja bei der nächsten Wahl wehren.

Kann man – sofern man inzwischen nicht vom Vergessen und der Einsicht in den berühmten Sachzwang heimgesucht wurde. Darauf werde ich im Weiteren noch einmal zurückkommen. Aber änderte sich dadurch etwas am Wesen der Wahlen?

Im Kern haben die Beobachter und Analytiker des Politikbetriebes nämlich recht. Die »Menschen da draußen« haben erstens keinen Einfluss auf die Zusammenstellung der Kandidatenlisten der Parteien – das war und ist seit Jahrzehnten Tradition in allen Deutschländern. Die Wähler entscheiden zweitens auch nicht nach den Wahlprogrammen, die kaum jemand liest (nicht mal jene, die sie verfasst haben). Sie entscheiden aus traditioneller Zuneigung oder nach Bekanntheit und Popularität dieses oder jenes

Bewerbers, aber auch politisch, jedoch nach anderen Kriterien als jene, die die Parteien wünschen.

Das Wichtigste, so wollen es die Forscher herausbekommen haben, sind das Bauchgefühl, Instinkt, und eben die »Nasen«.

Ich sehe das anders, ein wenig differenzierter. Aber scheinbar geht meine Partei auch davon aus, weshalb sie gleich deren acht für die Kernmannschaft im Bundestagswahlkampf 2013 nominierte. Damit will ich mich nicht von dieser Entscheidung distanzieren, ich habe sie schließlich mitgetragen. Man wollte verschiedene Generationen etc. zeigen. Trotzdem muss man wissen, dass man Personen, die bei der Wählerschaft »ankommen«, nicht einfach festlegen kann. Das fußt auf dem Irrglauben, dass das, was Parteien für richtig halten, auch von den Wählerinnen und Wählern als wichtig empfunden wird. Umgekehrt wird ein Schuh draus.

Die Neigung, Bedeutung zu dekretieren, ist allen Parteien eigen. Dennoch macht die Vielzahl der plakatierten Köpfe noch keine »Nasenpartei«. Wie viele linke Politikerinnen und Politiker sind tatsächlich bundesweit bekannt und stehen allein mit ihrem Namen für eine politische Botschaft und damit stellvertretend für ein politisches Programm?

In einer Talkshow fragte man mich nach jenen acht Namen und das gewiss nicht ohne hinterhältige Absicht, die auch prompt Wirkung zeigte. Überrascht und gänzlich unvorbereitet musste ich fast zwanzig Minuten grübeln, bis mir der achte Name einfiel. Womit der Moderator zeigen wollte: Der kennt nicht mal seine eigenen Leute. Aber zugleich machte er unbewusst auf das von mir weiter oben beschriebene Problem aufmerksam.

Ich glaube nicht, dass, wie von manchem angenommen, fehlende Bekanntheit ausschließlich medialer Ignoranz und ideologisch motivierten Vorurteilen zuzuschreiben ist. Langweilige Presseerklärungen aller Parteien wandern überall in den Redaktionen in den Papierkorb, und wer nichts zu sagen hat, kommt auch nicht auf den Sender. Journalistinnen und Journalisten schreiben nun mal nicht darüber, was die Parteien und deren Funktionäre für wichtig halten, sondern was für sie mitteilenswert ist.

Nun bin ich nicht so naiv zu glauben, dass die vermeintliche Distanz der Journalisten – vulgo Objektivität – zu allen Parteien und Personen gleich sei. Erstens sind Vertreter dieser Zunft auch nur Menschen und darum nicht frei von Empfindungen, welche durchaus Sympathie oder Antipathie zu dieser oder jener Person und zu den von ihr vertretenen politischen Positionen beeinflussen. Und zweitens folgt das von Journalistinnen und Journalisten vertretene Medium, das zugleich auch ihr Arbeitgeber ist, dem Sendungsauftrag der Herausgeber und Besitzer. Diese haben durchaus eigene Interessen. Nur insofern sind sie tatsächlich überparteilich und unabhängig, als sie selbst Partei sind. Oder wie das Springer-Vorstandschef Döpfner im Kontext mit der sogenannten Wulff-Affäre einmal sehr anschaulich formulierte: Wer mit der *Bild* im Aufzug nach oben fährt, der fährt mit ihr auch im Aufzug nach unten. Damit wollte Döpfner nicht auf die sinkende Auflage des Blattes hingewiesen haben, sondern darauf, wer in diesem Lande – zugespitzt formuliert – Bundespräsidenten macht und auch wieder entmachtet.

Bekanntlich reklamiert die Presse für sich die Rolle der Vierten Gewalt im Staate. Sie sieht sich neben der Exekutive, der Legislative und der Justiz als vierte tragende Säule unseres Gemeinwesens. Doch nach Äußerungen wie jener des Chefs des größten Medienkonzerns unseres Landes kommen mir Zweifel, ob alle Medienvertreter sich mit diesem Platz begnügen möchten. Die Versuchung scheint groß, Personen »hochzuschreiben«. Und je erfolgreicher man dabei ist, desto größer die Fallhöhe. Nicht nur Hochmut kommt vor dem Fall, sondern auch Lobhudelei in den Medien. Wir alle kennen die prominenten Namen der letzten Jahre, deren politische Karriere abrupt endete.

Gleichviel: Presse und Politiker sind aufeinander angewiesen. Aus unterschiedlichen Gründen zwar, aber man braucht sich wechselseitig. Parteien benötigen Persönlichkeiten, und Medien auch.

Nun beklagen nicht wenige, dass sich Letztere dabei sehr beschränken. Schaut man etwa Fernsehtalkshows, wird dieser Eindruck anscheinend bestätigt: Man sieht immer dieselben Gesichter und hört stets die gleichen Geschichten.

Aber daran sind wir nicht ganz unschuldig.

Das Mahlwerk der Parteien schleift nahezu jede und jeden rund und glatt. Schon bald spricht jede Jungpolitikerin und jeder Hoffnungsträger wunderbar Parteichinesisch und beherrscht auch das hohle Parlamentsgeschwurbel, weil er bzw. sie meint, das müsse so sein. Nur so werde man von seines- und ihresgleichen akzeptiert. Und gleichzeitig schwärmt man von den »Urgesteinen der Partei«, ohne selbst jemals die Chance gehabt zu haben, selber »Urgestein« werden zu können. Auch und gerade die kantenlose Kader kommen ins Kabinett. Die Zukunft liegt bereits hinter ihnen, ehe sie überhaupt anbrach. Da dies inzwischen in allen Parteien so ist, merken die Wählerinnen und Wähler und die Medienvertreter zu Recht kritisch an: Die sind doch alle auswechselbar!

Und darum präferiert man »Nasen«, also Persönlichkeiten.

Da ich von einigen offenbar für eine solche gehalten werde, habe ich auch eine vage Vorstellung, was darunter zu verstehen ist. Aber wissen die meisten auch, wofür ich stehe? Was ich politisch möchte?

Ich habe so meine Zweifel, seitdem mein Name in sogenannten meinungsbildenden Medien mit dem Beiwort »Linken-Guru« verziert wird. Für Menschen, die sich mit derlei Vokabular nicht auskennen, zitiere ich gern aus *Wikipedia*: »Im zeitgenössischen westlichen Sprachgebrauch wird die Bezeichnung ›Guru‹ – oftmals mit pejorativ abwertender oder spöttischer Bedeutung – für Menschen benutzt, die durch religiöse oder philosophische Aussagen Anhänger um sich scharen, im weiteren Sinne auch für Fachleute mit überdurchschnittlichem Wissen, langer Erfahrung und gegebenenfalls charismatischer Ausstrahlung.«

Da kann sich nun jeder aussuchen, was die Autoren jener Beiträge auf mich gemünzt sagen wollen. Doch wofür ich politisch stehe, wird daraus nicht ersichtlich.

In einen der Wahlkämpfe in den 90er Jahren zogen wir mit Rio Reisers vielleicht populärstem und schön ironischem Hit: »Das alles und noch viel mehr würd' ich machen, wenn ich König von Deutschland wär' …« Rio Reiser war, das nur zur Erinnerung, 1990 Mitglied der PDS geworden. Als wir uns bundesweit im öffentlich-rechtlichen Fernsehen mit diesem von einem Kinderchor gesungenen Wahlkampfsong präsentierten, nahmen die Radiostationen Reisers Original aus dem Programm, und der Musiksender VIVA boykottierte seinen Videoclip. Nur nebenbei bemerkt.

Mich hat der Text des engagierten Linken, der, keine 47 Jahre alt, bereits im Jahr 1996 verstarb, immer zum Träumen provoziert. Was würde ich machen, wenn …

Um nicht falsche Schlüsse zu provozieren: Ich bin weder Anhänger der Monarchie noch so naiv zu glauben, dass ein Einzelner in der parlamentarischen Demokratie die Verhältnisse über den Haufen werfen könnte. Und das ist auch gut so, wie einmal ein bekannter Berliner bekannte. Selbst demokratisch erstrittene Mehrheiten sind nur begrenzt in der Lage, gesellschaftliche Veränderungen herbeizuführen. Und das setzt zunächst voraus, dass sich Mehrheiten finden, die auch verändern wollen. Die also nicht nur Bestehendes bewahren und Besitzstände sichern möchten, sondern die diese absichtsvoll infrage stellen. Zum Beispiel Reichtum für alle verlangen und diesen nicht nur auf wenige tausend Personen konzentriert sehen wollen, wie es derzeit der Fall ist.

Mehrheiten finden sich nicht spontan und über Nacht, sondern in einem langwierigen Aufklärungs-

und Erkenntnisprozess. Dieser steht unter dem Diktat des Zeitgeistes, jener Tendenz in der öffentlichen Diskussion, die Zustimmung oder Ablehnung, Interesse oder Desinteresse signalisiert. Wenn der Unmut über Vorgänge und Verhältnisse im Lande zunimmt und die Unzufriedenheit wächst, dann müssen auch die Parteien darauf reagieren. Dann werden Konservative sozialdemokratischer und Sozialdemokraten zumindest verbal ein wenig linker, die Grünen werden bürgerlicher und die Liberalen ein wenig grüner. Und es treten Parteien wie die Piraten oder die Alternative für Deutschland auf den Plan, die kurzzeitig eine bestimmte Kultur, eine besondere Form der Kommunikation oder Unmut aufnehmen und artikulieren, um alsbald zu offenbaren, dass sie auch nicht anders oder gar besser sind als die übrigen. Die Strohfeuer verlöschen regelmäßig. Es geht bei Politik um Ausdauer und Nachhaltigkeit, um Dauerhaftigkeit in der Veränderung. Dafür ist der Zeitgeist Dreh- und Angelpunkt.

Ich glaube, die Frischzellenkur, die die deutsche Politik nach 1990 durch die Entstehung der Partei des Demokratischen Sozialismus erfuhr, ist diesem Land gut bekommen. Die anderen Parteien aus dem Osten wurden wegfusioniert und deren Mitglieder den in der alten Bundesrepublik geltenden Spielregeln unterworfen. Wir hingegen blieben in den Westaugen gleichsam als Fremdkörper und Störfaktor der deutschen Innenpolitik übrig. Die weniger ideologisch Vernagelten empfanden dies als Gewinn.

Der Wahlforscher Richard Stöss bescheinigte den ostdeutschen Linken in der PDS bereits 1995, dass sie »wesentlich zur politischen Stabilität und inneren Einheit« beigetragen hätten. Neben anderem auch deshalb, weil die Partei »eine wichtige Integrationsaufgabe« erfülle. Das sahen die anderen Parteien offenkundig damals nicht so, der Zeitgeist war gegen uns. Auch nach fast einem Vierteljahrhundert der staatlichen Vereinigung sind wir vielen Parteitaktikern und Ideologen noch immer lästig. Sie möchten gern ungestört und unwidersprochen ihre Kreise ziehen wie in den Jahrzehnten zuvor, weshalb sie uns lieber parlamentarisch tot denn lebendig sähen. Doch dem steht inzwischen ein anderer Zeitgeist entgegen. Es gibt eine stabile linke Wählerschaft in Deutschland jenseits der parlamentarischen Fünf-Prozent-Hürde.

Politische Parteien und deren Führungspersonal brauchen nach meiner Überzeugung eine kontinuierliche Erneuerung. Sie haben das gleiche Problem, das Bert Brecht pointiert an Herrn Keuner sichtbar machte. Herr Keuner wurde von einem Mann, der ihn lange nicht gesehen hatte, mit den Worten begrüßt: »Sie haben sich gar nicht verändert.«

Oh, sagte Herr Keuner und erbleichte.

Dieses Erbleichen sollten wir überflüssig machen, indem sich die Linke stetig an Haupt und Gliedern erneuert und sich politisch und pragmatisch entwickelt. Das schließt eine intellektuelle, also auch programmatische und kulturelle Fortentwicklung zwingend mit ein. Und zwar auf historischem Grund. Wir kommen nicht aus dem Nichts, und es gab nie eine historische Stunde Null. Das, so scheint mir, verliert mancher aus dem Blick. Das Fahrrad wurde bereits erfunden. Wir müssen es nicht neu bauen, wohl aber die erprobte Technik studieren.

Die Linken kommen aus Ost und aus West. Und viele werden von der fatalen Neigung beherrscht, die Vergangenheit, die keine gemeinsame war, auch nach dem noch immer vorherrschenden Deutungsraster zu behandeln. »Die DDR-Vergangenheit wird durchdekliniert anhand der bekannten Kategorien von Dafür- und Dagegensein«, schrieb selbstkritisch der Herausgeber des Berliner *Tagesspiegel* Hermann Rudolph am 8. Juni 2013. Und er fügte die ironische Frage an, »wie denn der Staat DDR so lange existieren konnte, wenn die Gesellschaft mehrheitlich mit ihm nichts am Hut hatte?«

Gleich Rudolph finde ich darum »die anhaltende, feine Nötigung« ärgerlich, »sich rechtfertigen zu müssen«, wenn man aus dem Osten kommt. »Weiter haben wir es, dreiundzwanzig Jahre nach der Wiedervereinigung, offenbar nicht gebracht.« Damit hat er leider recht. Weshalb ich meine, dass wir als deutsche Linke auch selbst souveräner und dialektischer als bislang mit der ostdeutschen Vergangenheit – die einen Erfahrungsvorsprung darstellt – umgehen sollten.

Mit den Erfahrungen von gestern und denen aus der Gegenwart, mit dem Wissen um die Widersprüche in der Welt und die Probleme in unserem Land ziehe ich meine Schlüsse. Was würde ich machen, wenn ich König von Deutschland wär' …

Im Unterschied zu Helmut Schmidt bin ich nicht der Ansicht, dass jemand mit Visionen besser zum Psychiater denn in die Politik gehen sollte. Und natürlich hatte Bismarck recht, als er meinte, dass Politik die Kunst des Möglichen sei. Das warnt vor Illusionen. Es scheint mir aber auch zu legitimieren, dass Parteien nur noch in Legislaturperioden denken. Mehr Kunst, als in vier Jahren geleistet werden kann, ist eben nicht drin, basta. Diese Einladung zur Genügsamkeit, zum Durchwursteln, zum Weiterwerkeln bedeutet nicht nur Stagnation. Es ist auch gefährlich, weil globale Probleme – Kriege, Klima, Hunger, Bildung, Arbeit, Gesundheit, Umwelt, Ressourcen etc. – zwingend nach Lösung rufen. Ob sie nun wahrgenommen oder ignoriert werden. Sie stellen sich mit gnadenloser Härte und Konsequenz. Und darum halte ich es mit Che Guevara: »Seien wir realistisch, versuchen wir das Unmögliche.«

Gregor Gysi
Berlin, im Juni 2013

1.
Warum bin ich Sozialist?

Ich betrachte mich als einen libertären demokratischen Sozialisten. Libertär heißt für mich zwar tolerant, keinesfalls aber inkonsequent. Ich toleriere und akzeptiere, dass es in einer Gesellschaft unterschiedliche Interessen gibt. Und weil dies so ist, müssen sie auch unterschiedlich vertreten werden. Ich will keineswegs einen Bundestag etwa ohne konservative Partei. Es gibt in unserer Gesellschaft konservative Interessen, und die müssen auch im Parlament artikuliert werden. Diesbezüglich bin ich vermutlich weiter als die Konservativen, denn die würden sich freuen, wenn linke Interessen nicht im Bundestag vertreten wären.

Und unter demokratisch verstehe ich, dass autoritäre Staatsstrukturen nicht hinnehmbar sind, egal, mit welcher ideologischen oder religiösen Begründung sie installiert wurden oder werden.

Warum aber bin ich Sozialist? Natürlich ist der Staatssozialismus gescheitert, mir sind die Defizite der DDR-Gesellschaft durchaus bewusst. Aber zugleich sehe ich auch ihre Vorzüge, etwa in Bildung, Wissenschaft, Kultur, bei der gesundheitlichen Betreuung etc., Dinge also, die sich im Vergleich mit der gegenwärtigen Praxis als vernünftig und sinnvoll erwiesen haben. Ich will hier nur auf das Beispiel der Polikliniken verweisen, die nun als Ärztezentren neu erfunden wurden. Es herrschte zudem eine größere soziale Gleichheit. Wir kannten weder bittere Armut noch exorbitanten Reichtum.

Das aber reicht mir als Sozialist nicht.

Ich will eine andere, eine neue demokratische Gesellschaft, die anders aussieht als die DDR und anders als die Bundesrepublik. Ich habe mir den Kapitalismus mindestens so kritisch angeschaut wie den Staatssozialismus. Ich kenne inzwischen auch die Schwächen und Stärken des Kapitalismus. Er bringt Top-Leistungen in Wirtschaft, Wissenschaft und Kultur. Aber er kann und will auch nicht auf Kriege verzichten. Die Zahl der militärischen Konflikte nimmt stetig zu. Der Kapitalismus ist weder willens noch fähig, Auseinandersetzungen ohne Einsatz von Waffengewalt zu lösen.

Dabei geht's, aber nicht vorrangig, auch um die Profitinteressen der Rüstungsindustrie. Vor allem jedoch geht es um gesamtwirtschaftliche Interessen: in erster Linie um die Sicherung von Rohstoffen und um Märkte.

Bundespräsident Horst Köhler – 1990 als Staatssekretär maßgeblich an der Gestaltung der deutschen Währungsunion beteiligt – hat das im Mai 2010 in einem Interview während eines Truppenbesuchs in Afghanistan ein wenig kompliziert, dennoch deutlich formuliert: »Meine Einschätzung ist aber, dass wir insgesamt auf dem Wege sind, doch auch in der Breite der Gesellschaft zu verstehen, dass ein Land unserer Größe mit dieser Außenhandelsorientierung und damit auch Außenhandelsabhängigkeit auch wissen muss, dass im Zweifel, im Notfall auch militärischer Einsatz notwendig ist, um unsere Interessen zu wahren, zum Beispiel freie Handelswege, zum Beispiel ganze regionale Instabilitäten zu verhindern, die mit Sicherheit dann auch auf unsere Chancen zurückschlagen – negativ durch Handel, Arbeitsplätze und Einkommen.«

Ich war der einzige Redner im Bundestag, der den Bundespräsidenten für seine Offenheit nicht kritisierte, sondern diese mit der Bemerkung begrüßte, dass wir Linken es bereits gesagt hätten, »dass es nicht um Schultüten geht, sondern dass wirklich wirtschaftliche Gründe hinter dem Afghanistankrieg stehen«.

Das Aussprechen der Wahrheit kostete Köhler das Amt, wenige Tage später ging er.

Am 1. Juni 2010, unmittelbar nach seinem Rücktritt, interviewte mich der *Deutschlandfunk* und hielt mir vor, Köhler habe damit »doch im Prinzip nur die Grundlage der deutschen Sicherheitspolitik beschrieben, denn die ist an den nationalen Interessen ausgerichtet, und dazu gehören auch freie Handelswege. Das ist im Weißbuch der Verteidigungspolitik so niedergelegt.« Darauf reagierte ich, wie ich bei diesem Thema immer zu reagieren pflege: »Richtig, und das haben wir schon immer kritisiert, weil wir gesagt haben, das kennen wir seit Jahrtausenden, dass Kriege aus ökonomischen Gründen geführt werden. Aber Sie dürfen ja nicht vergessen: Jede Bundesregierung begründet das anders. Hier ist gesagt worden, es ginge um den Kampf gegen Terror, dort, am Horn von Afrika, gegen Piraten und so weiter.«

Inzwischen blasen alle, die in Afghanistan militärisch involviert sind, zum Rückzug, die Bundesrepublik auch. Ganz offenkundig stehen Einsatz und Gewinn in einem wenig effektiven Verhältnis, die »Verteidigung« unserer Demokratie am Hindukusch rechnet sich nicht.

Und ein zweites, wozu der Kapitalismus weder willens noch fähig ist und warum ich Sozialist bin: Auf

der Welt sterben in jedem Jahr etwa 70 Millionen Menschen, davon 18 Millionen an Hunger. Wir haben eine Landwirtschaft, die die gesamte Weltbevölkerung zweimal ernähren könnte. Warum ist es dann nicht möglich, dass alle Lebenden, also die Weltbevölkerung, ausreichend versorgt werden können? Es muss doch offenkundig an der Verteilung liegen. Warum begreifen wir nicht, dass insbesondere in diesem Hunger die Ablehnung und der Hass auf die »westliche Kultur« in großen Teilen der Welt wurzelt? Wenn wir den »Terror« wirksam bekämpfen wollen, sollten wir erst einmal unser eigenes Verhalten gegenüber den sogenannten Entwicklungsländern verändern und den Hunger dort überwinden. Der »Kampf gegen den Terror« wäre erfolgreicher, wenn er auch ein »Kampf gegen den Hunger« wäre. Er wäre zudem nicht nur billiger, sondern auch nachhaltiger und umweltfreundlicher.

Drittens schließlich: Der Kapitalismus ist nicht in der Lage, soziale Gerechtigkeit herzustellen. Es liegt im Wesen dieser Gesellschaft, dass ein verschwindend geringer Teil immer reicher und ein zunehmend wachsender Teil immer ärmer wird. Eine Minderheit bereichert sich auf Kosten der Mehrheit. Kein Mensch ist in der Lage, innerhalb eines normalen Arbeitslebens Milliarden allein durch eigene berufliche Tätigkeit, ohne Spekulation oder Bereicherung zu Lasten anderer zu verdienen. Brecht benannte das Problem und den kausalen Zusammenhang sehr pointiert in dem Vierzeiler: »Reicher Mann und armer Mann / Standen da und sah'n sich an / Und der Arme sagte bleich: ›Wär ich nicht arm, wärst du nicht reich.«« Und Brecht machte die Verbindung dieser Frage mit dem Hunger in der Welt in einer Keuner-Bemerkung deutlich: »Herr K. hielt es nicht für nötig, in einem bestimmten Land zu leben. Er sagte: ›Ich kann überall hungern.‹«

Und viertens: Der Kapitalismus kriegt auch keine ökologische Nachhaltigkeit hin. Die ökonomischen Interessen sind stärker als die ökologischen Interessen. Auf diese Weise handelt er allerdings fortgesetzt auch gegen seine eigenen ökonomischen Interessen, da er auf Kosten der Zukunft nach dem Prinzip produziert: nach mir die Sintflut. Und ein weiterer Widerspruch: Eine ökologisch aufgeklärte Gesellschaft wie die unsrige ist zwar in der Lage, die Forderung nach ökologischen Produkten durchzusetzen und dass diese auf dem Markt angeboten werden. Aber sie ist nicht in der Lage, dafür zu sorgen, dass diese Waren auch ökologisch produziert werden. Denn es geht immer darum, so billig wie möglich zu produzieren, um die Gewinnspanne zu vergrößern. Hinzu kommt noch, dass ab und an durchsickert, dass Bio doch nicht Bio ist und die angeblich freilaufenden Hühner ihre Eier doch im Käfig gelegt haben.

Das sind mindestes vier Gründe, weshalb ich den Kapitalismus überwinden will.

Dagegen stehen drei Schwächen der Linken.

Erstens: Wir haben kein wirklich funktionierendes praktisches Beispiel, wo und wie demokratischer Sozialismus aussieht. Es gibt weltweit kein Land, auf das man verweisen und sagen könnte: Schaut es euch an – das wollen wir auch in Deutschland so machen. Nach meinem Eindruck gab es nach der Pariser Kommune 1871 einen einzigen Versuch – das war hundert Jahre später in Chile unter Allende. Und der ist 1973 von den USA im Bunde mit der chilenischen Armee zerstört worden.

Die zweite Schwäche: Weil es den Staatssozialismus gab, wie es ihn gab, herrscht uns gegenüber ein Misstrauen. Sind die denn wirklich demokratisch und für Freiheit und Menschenrechte? Was passiert, wenn die Linken denn an die Macht kämen? Also müssen wir in Fragen der Freiheit, der Demokratie, der Rechtsstaatlichkeit besonders sensibel sein, um Vertrauen zu gewinnen. Wir müssen überzeugender als andere beweisen, dass wir in diesen Fragen verlässlich sind. Verlässlicher als andere und nicht so demagogisch wie diejenigen, die stets die SED-Stasi-Mauer-Keule herausholen, wenn man Linke treffen will. Nach fast einem Vierteljahrhundert ist das aber ziemlich billig.

Und drittens schließlich – das korrespondiert mit unserer Vergangenheit, aber auch mit dem Stigma der SPD – haben wir das Vorurteil gegen uns, dass Sozialistinnen und Sozialisten von Wirtschaft keine Ahnung hätten. Sie verstünden nur Geld auszugeben, aber keins zu verdienen. Diese Behauptung, von den Konservativen in die Welt gesetzt, funktioniert unverändert. Obwohl doch nachgewiesenermaßen alle kapitalistischen Wirtschafts- und Finanzkrisen unter erzkonservativer Ägide stattfanden und stattfinden.

Hinzu kommt noch, dass die Menschen keine Vorstellungen haben, wie Sozialisten die Wirtschaft organisieren werden. Wollen wir alles verstaatlichen? Die Wirtschaft einer zentralen Planung und Steuerung unterwerfen?

Ich treffe immer wieder auf Menschen, die meinen: ›Zwar glaube ich Ihnen, dass es bei den Sozialisten sozial gerechter zuginge, aber das ist doch bestimmt eine soziale Gerechtigkeit in Armut, weil ihr die Wirtschaft kaputtmacht. Das lehne ich ab.‹

Deshalb wählen ja so viele Arbeitnehmerinnen und Arbeitnehmer die Union, weil sie annehmen, die verstehe mehr von der Wirtschaft. Wenn es der Wirtschaft gut gehe, dann machten auch die Streiks mehr Sinn, heißt es, dann bekäme man auch ein größeres Stück vom Kuchen ab. Das ist eine simple, aber durchaus nachvollziehbare Logik.

Deshalb kämpfe ich seit längerer Zeit in der Partei – zugegeben: noch nicht besonders erfolgreich bislang –, dass wir endlich Vorstellungen einer Wirtschaftspolitik formulieren, welche genau diesem Misstrauen entgegenwirken. Dazu gehört die Daseinsvorsorge, die bei uns in öffentlicher Hand sein wird. Bildung, Gesundheit, Rente, Versorgung bei Energie und Wasser etc. müssen den Regeln der Marktwirtschaft entzogen werden, sie dürfen nicht mehr Gegenstand von Spekulationen sein, eine marktbeherrschende Dominanz muss ausgeschlossen werden. Auf der anderen Seite macht der Markt durchaus Sinn etwa beim Handwerk, im Dienstleistungsbereich, im Handel, bei kleineren und mittleren Industrieunternehmen, in der Landwirtschaft usw. Deshalb werden wir dort Privat- oder genossenschaftliches Eigentum an Produktionsmitteln auch nicht antasten, Genossenschaften aber endlich fördern. Wir wollen eine funktionierende, effektive Wirtschaft, die allerdings endlich demokratisch, sozial gerechter und ökologisch nachhaltig gestaltet werden muss.

Das Problem sind deshalb die großen, meist multinationalen Finanz- und Wirtschaftskonzerne. Deren beherrschende Rolle muss gebrochen werden.

Es gibt sehr viele Forderungen der Linken, die von einer großen Mehrheit der Bevölkerungen geteilt werden, weil sie vernünftig und richtig sind. Aber die Wahlergebnisse sehen anders aus. Also müssen wir uns Gedanken machen, wie das Vernünftige auch zu anderen Ergebnissen führen kann.

Das ist gewiss ein langer Prozess, wenn er denn nicht nur »demokratisch aussehen« soll, sondern es vom Wesen her auch ist. Ich werde jenen Demokratiekritikern nicht folgen, die der Meinung sind, das sich diese Herrschaftsform überholt habe. Überholt hat sich das kapitalistische Herrschaftsmodell, wie es derzeit in den westlichen Industriestaaten herrscht.

2.
Zurück zum Primat der Politik

Ich bin für die Entmachtung der Großbanken und der Großkonzerne, nicht weil manche von ihnen mehr Mittel bewegen und höhere Gewinne erwirtschaften als die meisten Staaten auf der Erde, sondern weil sie ihre finanzielle und wirtschaftliche Potenz dazu nutzen, Staaten und Staatenbündnissen ihre Vorstellungen zu diktieren. Sie nutzen den Staat als Instrument zur Durchsetzung und Sicherung ihrer und der Interessen ihrer Aktionäre. Und diese kennen nur ein Ziel: höhere Rendite, also Profit.

Banken werden doch nicht deshalb mit Steuergeldern gerettet, um beispielsweise Arbeitsplätze in der Branche zu sichern, sondern um die durch Spekulationen erlittenen Verluste der Aktionäre auszugleichen. Gewinne werden privatisiert, Verluste sozialisiert, also auf die Allgemeinheit verteilt.

Falsch ist die Darstellung, alles wäre eine Art Naturkatastrophe. Wenn tagelange Regengüsse die Flüsse anschwellen und Deiche brechen lassen, ist das im Wesentlichen der Natur zuzuschreiben, es ist nicht so ohne Weiteres zu verhindern. Finanz- und Wirtschaftskrisen hingegen sind ausschließlich Menschenwerk. Also subjektiv verursacht und darum auch verhinderbar.

In den 50er Jahren erfand der Kapitalismus die sogenannten Investitionsschutzabkommen. Dies stand im kausalen Zusammenhang mit Enteignungen von Firmen und Niederlassungen in Osteuropa und in jungen Nationalstaaten. Damit sicherten (und sichern) Unternehmen ihr Eigentum im Ausland ab. Weltweit gibt es rund dreitausend Verträge dieser Art, die Bundesrepublik unterhält mit etwa 130 Staaten bilaterale Investitionsschutzabkommen. Während sich früher diese Vereinbarungen auf den Schutz bereits getätigter Investitionen beschränkten, ist man inzwischen dazu übergegangen, sich Rechte – etwa den Zugang zum dortigen Markt – bereits vor der Investition zu sichern. In dieser Hinsicht, wen überrascht es, sind die USA Vorreiter. Dagegen wehrten und wehren sich Staaten, weil sie nicht grundlos der Auffassung sind, dass ihr »regulatorischer Spielraum« unzulässig eingeschränkt werde. Um es deutlicher zu sagen: Sie sind dagegen, sich von Großbanken und Großkonzernen, die bei ihnen investieren, vorschreiben zu lassen, was sie als Staat für die Investoren zu tun oder zu unterlassen haben.

Um den demokratischen Schein eines undemokratischen Diktats zu wahren, wurde ein internationales Schiedsgericht installiert, das im Falle von Meinungsverschiedenheiten aktiv werden soll. Dieses Gremium verhandelt allerdings nicht öffentlich, sondern hinter verschlossenen Türen. Nur das Resultat wird, wenn überhaupt, publik. Das hat mit Demokratie und Transparenz wenig zu tun.

Der ausländische Energiekonzern Vattenfall fordert aktuell eine »Entschädigung für die Schließung der

Der Fraktionschef mit den Vorsitzenden der Partei DIE LINKE Katja Kipping und Bernd Riexinger

deutschen Kraftwerke und Einrichtung eines Schiedsgerichts«. Er will konkret mindestens 3,7 Milliarden Euro dafür, dass die Atomkraftwerke in Krümmel und Brunsbüttel, beide aus den 70er Jahren und längst amortisiert, stillgelegt wurden. Die Abschaltung der AKW erfolgte nach der Katastrophe von Fukushima, als in Deutschland eine Mehrheit in der Bevölkerung und im Bundestag für den Ausstieg aus der Atomenergie war und diesen auch per Gesetz beschloss.

Der Energiekonzern Vattenfall will nun dafür mindestens 3.700.000.000 Euro haben. Diese Forderung soll mit einem Schiedsgericht durchgesetzt werden. Wie es ausschaut, wird die Bundesregierung einem solchen Verfahren zustimmen. So etwas macht Schule. Dem Vernehmen nach erwägen US-Unternehmen bereits, gegen in europäischen Staaten erlassene Fracking-Verbote auf gleiche Weise vorzugehen.

Beispiele dafür, dass sich global tätige Konzerne nicht um die Souveränität einzelner Staaten oder Staatenbündnisse sorgen und diesen ihren Willen aufdrücken, gibt es viele. Und darum bin ich dafür, deren Macht zu begrenzen, was nur durch die Aufteilung solcher Großunternehmen möglich ist. Die Politik muss wieder das Primat bekommen.

Eine Bundesregierung als Vollstrecker des Willens von Finanz- und Wirtschaftsunternehmen ist ein unerträglicher Gedanke, aber das ist bereits weitgehend Realität.

In dem Zusammenhang: Auch die Euro-Krise wurde von den Banken verursacht. Deshalb ist der dazu lancierte Begriff »Schuldenkrise« völlig falsch, weil damit der Eindruck erweckt wird, als seien die Sozialausgaben in den betroffenen Ländern zu hoch. Wir haben für die Pleitebanken, die spekuliert und sich verzockt haben, gezahlt – in Griechenland, in Spanien, in Italien, in Deutschland, überall. Das hat die hohe Verschuldung verursacht und nicht, weil die Menschen angeblich zu wenig oder zu schlecht arbeiten, weil es zu viele Beamte gibt und dergleichen mehr. Warum können wir uns nicht darauf verständigen, dass es nicht die Pflicht der europäischen und damit auch der deutschen Steuerzahlerinnen und Steuerzahler ist, für die Zockerei der Banken zu zahlen? In den Bundesländern wurde über einen Staatsvertrag, in dem es um Spielkasinos geht, verhandelt. Eine linke Landtagsfraktion beantragte, Banken mit in diesen Vertrag aufzunehmen. Das wurde natürlich abgelehnt. Warum eigentlich? Viele Banken sind zu Spielkasinos verkommen. Sie spekulieren mit nahezu allem, was Gewinn verspricht.

Was weltweit etwa in Bezug auf Lebensmittel geschieht, empfinde ich geradezu als abenteuerlich. Es wird wild spekuliert, und die Lebensmittel werden immer teurer. Die Banken nehmen selbst Hunger in Kauf, um Profite zu generieren. Olivier De Schutter, Professor an der Katholischen Universität Leuven in Belgien, seit einigen Jahren Sonderbeauftragter der UNO für das Recht auf Ernährung, rügte dafür nicht nur, aber eben auch die Deutsche Bank. Der Preis von Lebensmitteln werde immer stärker von Finanzakteuren bestimmt, sagte er. »Die extremen Preisschwankungen auf dem Markt mit Nahrungsmitteln haben nur wenig mit Angebot und Nachfrage zu tun.« Die Europäische Union sei gefordert, die Geschäfte der Finanzinvestoren zu regulieren. »Mich besorgt diese Entwicklung sehr«, erklärte Schutter im *Handelsblatt* und sprach von »perversen Konsequenzen«. Die Spekulationen von Finanzinvestoren mit Agrarrohstoffen trügen dazu bei, dass die Menschen in Entwicklungsländern sich ihre Nahrung nicht mehr leisten können. Zurzeit hätten 925 Millionen Menschen nicht genügend Nahrung. Damit hungere fast jeder siebte Mensch.

Ich teile De Schutters Besorgnis.

Doch wie reagiert die Politik?

In Europa wird der Weg der harten Kürzungsauflagen beschritten. Ich halte diesen Weg für falsch, denn er verschärft die Krise. In Griechenland beträgt die Arbeitslosenquote derzeit 25 Prozent, in Spanien

Zerzaust: die Flaggen der EU und Griechenlands

22 Prozent. Die Jugendarbeitslosenquote beträgt in Griechenland 55 und in Spanien 53 Prozent.

Was soll aus diesen Jugendlichen werden? Ich ahne schon, wie die Überschriften in der *Bild*-Zeitung lauten werden, wenn diese Jugendlichen kriminell werden und strafbare Handlungen begehen. Jetzt werden die Ursachen dafür gelegt. So kann man die Probleme Europas nicht lösen.

Wir erleben Kürzungen bei Löhnen, bei Renten, beim Arbeitslosengeld und bei Investitionen. In Portugal müssen die Arbeitnehmerinnen und Arbeitnehmer seit diesem Jahr um sieben Prozent höhere Versicherungsbeiträge zahlen, und die Unternehmen werden bei den Versicherungsbeiträgen um 5,5 Prozent entlastet. Es findet seit Jahren eine Umverteilung von unten nach oben statt.

Und die Rentnerinnen und Rentner in Griechenland? Sie sind krankenversichert und müssen trotzdem alle Medikamente selbst bezahlen, weil ihnen sonst nicht geholfen wird. Eine Frau, die in Griechenland zur Geburt in ein Krankenhaus geht, muss die Entbindung selbst bezahlen. Es gibt doch wohl Grenzen, die nicht überschritten werden dürfen!

Die Wirtschaftsleistung Griechenlands ist um ein Fünftel zurückgegangen. Solche Zahlen gab es früher nur im Krieg. Aber in einem Punkt hat die Bundeskanzlerin recht: Wenn Griechenland aus dem Euro-Raum austritt, dann wird Griechenland nicht nur verelenden, sondern das wird auch teuer für Deutschland. Das kostet uns mindestens 62 Milliarden, wenn nicht gar 80 Milliarden Euro. Außerdem würde das einen Dominoeffekt auslösen.

Die Ratingagenturen und Hedgefonds griffen sich dann Portugal, später Spanien und Italien, und dann ist der Euro tot. Wenn der Euro tot ist, führt das zu einer Katastrophe auch in Deutschland. Würden alle Länder in Europa ihre nationalen Währungen wiederbekommen, wäre das nicht nur ein Rückschritt, sondern hätte auch zur Folge, dass die südlichen Länder verelenden und sie ihre Währungen so lange abwerten müssten, bis wir dorthin so gut wie nichts mehr verkaufen könnten. Dann bricht hier die Außenwirtschaft zusammen, mit allen damit verbundenen Folgen.

Die Bundesregierung tut so, als triebe sie blanker Altruismus, wenn sie Geld in die krisengeschwächten Länder pumpt, damit diese ihre Kredite und Zinsen tilgen. Deutschland braucht dringender als alle anderen den Euro.

Und hierzulande müssen wir ebenfalls von der gescheiterten Politik der Kürzungen wegkommen, die mit der Agenda 2010 begann. Mit der Senkung des Rentenniveaus, mit der Teilprivatisierung der Rente, mit der Schaffung eines Niedriglohnsektors, mit einer umfassenden prekären Beschäftigung wie erzwungener Teilzeit, Leiharbeit und all diesen üblen Sachen.

In den letzten zehn Jahren sind die Reallöhne um 4,5 Prozent, die Renten um acht Prozent und die Sozialleistungen um fünf Prozent gesunken. Knapp acht Millionen Menschen arbeiten im Niedriglohnsektor, sie verdienen Stundenlöhne von unter sieben, unter sechs, sogar unter fünf Euro brutto. Fast jede zweite Neueinstellung ist befristet, es gibt knapp drei Millionen zeitweise Beschäftigte. Viele können nicht von ihrer Arbeit leben und müssen mit Hartz IV aufstocken. Konservative, Liberale, SPD und Grüne begründen diesen Sozialabbau, denn um etwas anderes handelt es sich ja nicht, stets mit der gleichen Floskel: Das sei im Interesse der Wettbewerbsfähigkeit der deutschen Wirtschaft, also im Hinblick auf hohe

Exportzahlen. Mit diesem Argument kann man Löhne auch ganz verbieten.

Deutschland lebt über seine Verhältnisse, weil wir sehr viel mehr herstellen, als wir verbrauchen. Andere Länder leben unter ihren Verhältnissen, weil sie weniger herstellen. Deutschland ist ja nicht zufällig Vizeexportweltmeister. Aber wenn wir Länder arm machen, die bei uns kaufen, dann kaufen sie hier weniger ein, und auch wir spüren das dann. Die deutschen Exporte nach Italien, Spanien, Griechenland und Portugal sind erheblich zurückgegangen. Wir senken in anderen Ländern die Kaufkraft, und das hat Folgen auch für uns; so einfach ist das. Alles steht doch in einem Zusammenhang. Wenn der Export zusammenbricht, führt das zu einer steigenden Arbeitslosigkeit mit verheerenden sozialen Folgen in Deutschland.

Ich höre, wie Union, SPD, FDP und Grüne dann rufen werden: Wir müssen die Wettbewerbsfähigkeit Deutschlands wiederherstellen! Und das heißt: wieder runter mit Löhnen und Renten, noch mehr Geringverdienende und noch mehr prekär Beschäftigte. Das ist der falsche Weg.

Wir brauchen endlich, und zwar im Süden Europas wie in Deutschland, Steuergerechtigkeit einschließlich einer Millionärssteuer und einen Weg, um die Binnenwirtschaft zu stärken. Wir brauchen höhere Löhne, höhere Renten und Sozialleistungen, mehr soziale Gerechtigkeit sowie eine Stärkung der Kaufkraft der Bevölkerung.

Für die Südländer, also Griechenland, Italien, Spanien, Portugal, brauchen wir einen Marshallplan, wir brauchen Aufbau- und nicht Abbaukredite; das wissen wir aus unserer eigenen Geschichte. Außerdem müssen wir nicht immer den Umweg über private Banken gehen, die wir reich machen, sondern Direktkredite gewähren. Nur wenn die Länder über Steuereinnahmen verfügen, können sie auch Darlehen zurückzahlen. Anders kann das nicht funktionieren.

Ich will immer, dass es meiner Nachbarin gut geht. Aber wenn ich ihr Geld gebe, will ich erst recht, dass es ihr gut geht, denn nur dann bekomme ich mein Geld auch zurück. Das ist ganz einfach.

Die Europäische Zentralbank leiht den Privatbanken Geld für weniger als ein Prozent Zinsen für drei Jahre, und diese Banken unterstützen damit Länder wie Griechenland, Zypern, Italien, Spanien und Portugal, verlangen aber ein Mehrfaches an Zinsen. Das heißt, sie nehmen Staatsgeld, also Steuergeld, verleihen es an einen anderen Staat und stecken sich die Differenz in die Tasche. Das heißt sie kassieren für eine Überweisung.

Alles legal – und die Politik macht das mit.

Ich bin natürlich auch dafür, dass die Hilfe für diese Staaten an Auflagen gebunden wird. Zum Beispiel sollte von Griechenland verlangt werden, seine Militärausgaben zu halbieren. Von allen 27 NATO-Staaten hat Griechenland – nach den USA – die höchsten Militärausgaben, gemessen am Bruttoinlandsprodukt. So stand es jedenfalls in der *New York Times*, und die zitierte NATO-Generalsekretär Rasmussen. Nur zwei Mitglieder des Bündnisses würden mehr als zwei Prozent ihres BIP für die Verteidigung aufwenden, sagte er. Griechenland begründet die

Ausgaben von über zehn Milliarden Euro damit, dass diese vor allem dem Schutz vor der Türkei gelten.

Bekanntlich gehört der Nachbarstaat ebenfalls der NATO an.

Ich bin auch dafür, dass die reichen Griechen (wie alle Reichen überhaupt) endlich gerecht besteuert und Steuerhinterziehungen wirksam bekämpft werden. Aber wir brauchen noch etwas: Wir müssen endlich den Weg gehen, die Verursacher der Krise und die, die einen Nutzen von der Krise haben, zur Kasse zu bitten, und nicht die Rentnerinnen und Rentner, nicht die Arbeitnehmerinnen und Arbeitnehmer, nicht die Erwerbslosen.

Und das auch in Deutschland.

Vor der Krise gab es in der Bundesrepublik 720.000 Vermögensmillionäre, wenige Jahre später sind es bereits 960.000.

0,6 Prozent unserer Bevölkerung besitzt 20 Prozent des privaten Geldvermögens, das sind zwei Billionen Euro. Das entspricht der Höhe unserer gesamten Staatsschulden. Hingegen besitzen 50 Prozent der Haushalte nur ein Prozent des Geldvermögens. Was ist das für eine maßlose Ungerechtigkeit?

Beim Kampf gegen die Steuerhinterziehung höre ich immer ein Argument: Die Reichen bringen dann ihr Vermögen ins Ausland, oder sie nehmen ihren Wohnsitz auf den Seychellen oder in anderen Ländern. Deswegen sollen sie nicht gerecht besteuert werden?

Die Linke hat vorgeschlagen, dass wir diesbezüglich US-Recht einführen und die Steuerpflicht auch an die Staatsbürgerschaft binden sollten. Ein Deutscher, egal wo er wohnt, wäre dann verpflichtet, hier in Deutschland sein Einkommen und sein Vermögen bekanntzugeben. Er kann auch angeben, welche Steuern er woanders zahlt. Das wird angerechnet. Hinsichtlich der Differenz bekommt er einen Steuerbescheid. Dazu müsste jede und jeder Deutsche, egal wo sie oder er wohnt, verpflichtet werden.

So haben das die Amerikaner geregelt. Warum können wir das in Europa nicht endlich auch so machen?

Warum sträuben sich Konservative, Liberale, SPD und Grüne so hartnäckig gegen diesen Vorschlag? Weil er von uns kommt? Dabei sind wir doch überhaupt nicht der Erfinder.

Es gibt offensichtlich drei Überlegungen, der Krise beizukommen. Union und FDP wollen mehr Geld durch die Europäische Zentralbank drucken lassen. Je länger die Notenpressen laufen, desto mehr entwertet man das Geld, entwertet man die Sparguthaben, entwertet man die Löhne und Renten. Die Folgen sollte man nicht unterschätzen.

SPD und Grüne wollen den Weg über die gemeinschaftliche Verschuldung gehen. Das halte ich solange für abenteuerlich, wie die Steuerpflichtigen hierzulande und in anderen Ländern für Vorgänge haften müssen, auf die sie nicht den geringsten Einfluss haben.

Im Kern gibt es nur einen Weg, der zu beschreiten ist: den Weg der Umverteilung, und zwar endlich einmal von oben nach unten und nicht von unten nach oben. Banken müssen endlich für Banken haften. Nur die Sparguthaben müssen gerettet werden.

Wenn wir das nicht machen, bekommen wir die Krise weder bezahlt noch sozial gerecht bewältigt.

Und für mich ist auch klar: Die Linke muss sich stärker für kleinere und mittlere Unternehmerinnen und Unternehmer einsetzen. Das hat wirtschaftliche und soziale Gründe. Und nie wieder darf die Linke wie etwa vor 1933 die sogenannten Kleinbürger ablehnen. Dadurch hatten die Nazis leichtes Spiel.

3.
Eine Wende in der Energiepolitik

Als der Bundestag den Ausstieg aus der Atomenergie beschloss, habe ich als Einziger im Bundestag darauf hingewiesen, dass damit auch die soziale Frage verbunden ist. Der Strom werde sich verteuern. Ich fragte: Wie wollen wir dieses Problem lösen? Das interessierte nicht. Jürgen Trittin rief nur dazwischen: »Haben Sie etwas gegen den Ausstieg?«

Nein, ich hatte und habe nichts gegen den Ausstieg aus der Atomenergie, aber wir müssen in diesem Kontext auch die sozialen Fragen sehen und beantworten. Nicht unerwartet folgte die Androhung, die Strompreise um 30 Prozent erhöhen. Wollen wir, dass ganze Familien ohne Strom leben?

Hintergrund war die Erhöhung der Ökostromförderung, was Energiekonzerne, Industrielobby und FDP veranlasste, die generelle Anhebung der Strompreise zu verlangen. Umweltverbände und Grüne wiederum erklärten, dass Ökostrom deshalb teurer sei, weil dort erst einmal investiert werden müsse. Dafür wurde den Besitzern von Windrädern und Solaranlagen eine feste Garantievergütung für ihren Ökostrom gegeben. So schob man sich wechselseitig die Schuld zu, wer fürs Steigen der Strompreise ursächlich verantwortlich war. Was letztlich für die privaten Verbraucher unerheblich ist. Entscheidend ist, sie sollen künftig für Energie mehr zahlen, obwohl der Wind so wenig kostet wie der Sonnenschein. Es müssen bei ihnen auch keine Brennstäbe entsorgt werden, und auch die Umwelt wird nicht durch Kohlendioxid belastet. Ach ja, die Investition ...

Energieversorgung ist eine öffentliche Daseinsvorsorge. Deshalb gehört auch sie in öffentliche Hände. Ich möchte, dass demokratisch gewählte Parlamente und Regierungen über das Verhältnis von Kosten und Preisen entscheiden.

Nebenbei: Die Millionen Stromabsperrungen von Privathaushalten, die wir in der Bundesrepublik haben, weil Verbraucher beim Zahlen von Stromrechnungen säumig waren, sind indiskutabel. Viele Kinder sind davon betroffen. Es verletzt die Würde eines Menschen, wenn er keine Energie hat und wie in der Steinzeit in seiner Höhle sitzt. Ich finde, Stromabschaltungen müssen verboten werden.

Wir benötigen erneuerbare Energien. Warum wurde die gesetzlich garantierte Förderung der erneuerbaren Solarenergie herunter- und die der Windenergie hochgefahren? Dafür gab es aus meiner Sicht einen Grund: Die gesetzlich geförderte Solarenergie nutzte mittelständischen Unternehmen. Die Windparks an Nord- und Ostsee hingegen können sich nur die vier Konzerne leisten.

Immer wieder traf und trifft die Bundesregierung Maßnahmen zugunsten der Energiekonzerne. Hier kommt noch hinzu, dass die Solarindustrie nicht nur, aber überwiegend im Osten und besonders in Sachsen-Anhalt entstanden ist. Deindustrialisieren Sie den

Osten nicht zum zweiten Mal, sagte ich an die Adresse der Regierung im Bundestag. Das sei nicht zu verkraften. In dem Umfang, in welchem man eine Umlage für erneuerbare Energien erhebt, müsste man die Stromsteuer senken, die ohnehin keine ökologische Wirkung besitzt.

Nachdem die ersten Firmen insolvent gingen, wurde dafür ein Schuldiger ausgemacht, der weit weg war: China. Mit angeblich zu Dumpingpreisen auf dem europäischen Markt verkauften chinesischen Solar-Modulen würden Arbeitsplätze vernichtet werden. Anfang Juni 2013 beschloss die EU-Kommission, zum Schutz von 25.000 Arbeitsplätzen in der europäischen Solarbranche Strafzölle zu erheben.

Noch bevor China darauf mit der Ankündigung reagierte, die knapp 300 Millionen Liter Wein aus der EU, die jährlich vom Reich der Mitte importiert werden, ebenfalls mit Strafzöllen zu belegen, erklärte ich

Marx und Lenin im Museum Falkensee bei Berlin

eine solche Maßnahme für kurzsichtig. Ich denke, über kurz oder lang wird man diesen Handelskrieg beilegen, weil er vermutlich der EU mehr schadet als China.

Aber ungeachtet dessen verhallte meine Forderung, auch die soziale Seite der Energiewende nicht aus dem Blick geraten zu lassen. Ich schlug dem Bundestag vor, pro Person eine bestimmte Menge an Kilowattstunden beitragsfrei zu liefern. Erst danach sollte mit einer linearen Steigerung des Preises begonnen werden. Das wäre erstens sozial, und zweitens würden wir auf diese Weise durchsetzen, mit Energie sparsam umzugehen.

Gerade bei ärmeren Familien gibt es viele Stromfresser, weil sie sich oft keine neuen energiesparenden Haushaltsgeräte leisten können. Sollte man nicht – wie seinerzeit bei den Autos – eine Abwrackprämie zahlen, wenn sie ihren alten Kühlschrank oder die Waschmaschine zum Schrott bringen, um ihnen den Kauf eines modernen, energieeffizienten Geräts zu erleichtern?

4.
Altersarmut verhindern

Natürlich, Altersarmut will keiner, der politische Verantwortung trägt. Gleichwohl verfolgen Union und FDP eine Politik, die zu Altersarmut führt. Die stets wiederkehrenden Appelle zur privaten Vorsorge sind wohlfeil: Wie kann jemand etwas beiseite legen, wenn das, was er verdient, gerade zur Existenzsicherung reicht? Und bei den niedrigen Zinsen käme ohnehin kein Gewinnzuwachs heraus.

Die erste Rentenrasur in Deutschland erfolgte zunächst durch Union und FDP, 2001 haben SPD und Grüne scharf nachgewaschen. Das führte zu einem Paradigmenwechsel bei der Alterssicherung.

Das Rentenniveau wurde von 53 Prozent auf 43 Prozent des durchschnittlichen Nettolohns im Jahr 2030 gesenkt. Man überlege sich einmal, wie viel Geringverdienende wir haben und wie viele Normalverdiener. Und welche Renten das bedeutet.

Die Anrechnungszeiten für die Kindererziehung und die eigene Ausbildung wurden gekürzt. Die Rentenzahlung wurde durch die Anhebung des Renteneintrittsalters auf 67 Jahren um zwei Jahre beschnitten.

Es ist schon erstaunlich, wie sehr die meisten Parteienvertreterinnen und -vertreter im Bundestag den

Blick für die Wirklichkeit verloren haben. Ist es bewusste Ignoranz oder lebt man in einer Parallelwelt, in der es Existenznöte und -ängste nicht gibt? Im Juni 2011 hatten von allen 64-Jährigen in Deutschland lediglich 9,9 Prozent einen Vollzeitjob. Konkret waren das 14,1 Prozent der Männer und 5,9 Prozent der Frauen.

Den anderen, also über 90 Prozent, sagt man, sie sollen zwei Jahre länger arbeiten.

Wo denn? Bei wem? Als was?

Als Politiker kann man vielleicht auch noch mit 90 arbeiten, aber als Dachdecker oder OP-Schwester geht das nicht. Es wird ignoriert, dass es unterschiedliche Professionen mit unterschiedlichen Belastungen gibt. Hier findet eine Gleichmacherei statt, die ich für unzulässig halte.

Die Erwerbsminderungsrenten wurden ebenfalls gekürzt. Die Unternehmen wurden teilweise aus der paritätischen Finanzierung entlassen, indem den Arbeitnehmerinnen und Arbeitnehmern geraten wurde, private oder betriebliche Vorsorge zu treffen.

Bei der privaten Vorsorge erfand man die sogenannte Riester-Rente. Dafür zahlen die Leute selbst, dann gibt es noch staatliche Zuschüsse, und die Unternehmen sind von jedem Beitrag befreit. Genau das war gewollt!

Das bedeutete aber auf der anderen Seite: Für Arbeitnehmerinnen und Arbeitnehmer kam wieder weniger Netto vom Brutto heraus. Die staatlichen Zuschüsse erhielten ja nicht die Betreffenden, sondern die Versicherungsunternehmen. Von 2002 bis 2011 waren das 16,6 Milliarden Euro. Deshalb spendet die Allianz jedes Jahr an Union, SPD, FDP und Grüne, nur an die Linke nicht. Man ahnt, woran das liegt.

Drei Beispiele. Zwei Arbeitnehmerinnen haben seit ihrem 35. Lebensjahr in die gesetzliche Rentenversicherung eingezahlt. Beide verdienen 1.790 Euro netto im Monat. Das sind keine Geringverdienenden. Die eine zahlt bei »Riester« ein, und die andere nicht. Beide werden am selben Tag Rentnerinnen. Was kommt bei ihnen heraus? Die mit der Riester-Rente erhält 640, die andere 500 Euro. Weder von der einen noch von der anderen Summe kann man leben. Beide erfüllen die Voraussetzungen für die Inanspruchnahme der Grundsicherung von 707 Euro und beantragen sie darum auch. Daraufhin bekommt die eine einen Zuschuss von 207 Euro und die andere, die jahrelang zusätzlich eingezahlt und sich den Riester-Beitrag abgespart hatte, einen von 67 Euro. Ist das gerecht? Nein, das ist skandalös!

Zweites Beispiel. Eine Rentnerin, 70 Jahre alt, hat drei Kinder aufgezogen und Jahrzehnte als Verkäuferin und Kassiererin gearbeitet. Sie schrieb mir, dass sie heute eine Rente von 599 Euro bekäme. Sie könnte Grundsicherung beantragen. Das macht sie aber nicht. Sie will das nicht. Sie sagt, dass es sie demütigt. Viele verhalten sich so wie sie.

Hinzu kommt noch: Falls die oder der Betreffende ein Häuschen oder eine Eigentumswohnung besitzt, die vermeintliche Altersvorsorge, entscheidet dies gegen die Vergabe einer Grundsicherung.

Die Krönung jedoch: Hat man ein Sparguthaben über 2.600 Euro – das ist weniger, als selbst ein Hartz-

IV-Beziehender haben darf –, braucht man gar nicht erst den Antrag zu stellen. Erst müssen die Rücklagen aufgezehrt werden, bevor sie oder er die Grundsicherung bekommt. Das ist indiskutabel!

Die 70-jährige Rentnerin muss bis an ihr Lebensende in einem Minijob arbeiten, um existieren zu können.

Aktuell, das heißt im Frühjahr 2013, beziehen hierzulande 436.000 Menschen Grundsicherung im Alter. 925.000 könnten sie beantragen, tun es aber nicht. Zwei Drittel von ihnen besitzen noch zu viel oder verzichten auf den Rechtsanspruch, weil er so demütigend organisiert ist.

Drittes Beispiel: Eine Frau, die vor zehn Jahren im Alter von 35 Jahren einen Riester-Rentenvertrag abschloss, muss knapp 80 Jahre alt werden, ehe sie als Rentnerin alle Beiträge wieder herausbekommen hat. Wenn sie aber davon träumte, sogar eine kleine Rendite von 2,5 Prozent zu erhalten, dann muss sie 90 Jahre alt werden. Wenn sie gar die dreiste Vorstellung hat, eine Rendite von 5 Prozent zu bekommen, dann muss sie 128 Jahre alt werden.

Die Riester-Rente ist ein Hohn. Sie gehört darum abgeschafft. Was hatte damals Bundesminister Riester gesagt? »Wir haben das Ziel, das Versorgungsniveau im Alter insgesamt zu erhöhen. In Zukunft soll die gesetzliche Rente als Basis durch eine zusätzliche Rente ergänzt werden.«

Wer heute in Rente geht und 40 Jahre ununterbrochen gearbeitet hat, nie arbeitslos war, muss einen Stundenlohn von 10,80 Euro verdient haben, um das Grundsicherungsniveau von 707 Euro zu erreichen.

Wenn er nur 35 Beitragsjahre hatte, dann müsste er durchschnittlich 13 Euro pro Stunde verdient haben. Das heißt: vor Einführung des Euro also 26 DM. Was denken Menschen, die einen solchen Unsinn beschließen?

Wer eins und eins zusammenzählen kann, erkennt: Wir laufen auf eine dramatische Altersarmut zu.

Die Grünen haben den Paradigmenwechsel immer damit begründet, dass sie die junge Generation »schützen« wollten, indem diese nicht durch zu hohe Beiträge belastet würde. Die damals Jungen gehen bald in Altersarmut.

Ferner: Wir haben 3,3 Millionen Selbständige, die überhaupt keine Altersvorsorge haben. Was soll eigentlich aus denen im Alter werden? Diese Personengruppe wird bei den Überlegungen von vielen ausgeblendet.

Wenn wir die Altersarmut wirksam bekämpfen wollen, brauchen wir gute Löhne und gute Arbeit. Ein erster Schritt wäre die Einführung eines flächendeckenden gesetzlichen Mindestlohns von 10 Euro pro Stunde. Auf diese Weise ließen sich prekäre Beschäftigungsverhältnisse, der Niedriglohnsektor, die Aufstockerei etc. überwinden. Leiharbeit muss verboten, der Missbrauch von Werkverträgen ausgeschlossen und die befristete Beschäftigung zurückgedrängt werden.

Inzwischen hat die SPD diesen – unseren – Vorschlag übernommen, tut aber so, als stamme die Idee von ihr. Unseren diesbezügliche Antrag vom 25. April 2002 hat sie noch kategorisch abgelehnt. Ich finde es zwar gut, dass sich die SPD korrigierte, schließlich

geht es um die Menschen und nicht um das Copyright einer Partei. Aber den Ursprung dieser Idee sollte man schon mal erwähnen.

Um Altersarmut zu verhindern und die Würde der Menschen im Alter zu wahren, indem sie ihren Lebensstandard halten können, brauchen wir folgende Schritte:

Erstens: Das Rentenniveau muss wieder auf 53 Prozent des Durchschnittseinkommens erhöht werden; anders geht es nicht.

Zweitens: Die Kürzungsfaktoren – also Riester-Faktor, Nachholfaktor und Nachhaltigkeitsfaktor – müssen gestrichen werden.

Drittens: Die Rente ab 67 Jahren muss zurückgenommen werden.

Viertens: 23 Jahre nach der deutschen Einheit muss jetzt endlich eine Angleichung der Rentenwerte Ost an West geschehen. Es muss eine gleiche Rente für gleiche Lebensleistungen geben. Union und FDP hatten das in den Koalitionsvertrag geschrieben, dann aber aufgekündigt.

Ferner: Die Lücken und Benachteiligungen bei der Rentenüberleitung müssen beseitigt werden.

Fünftens: Wir brauchen endlich eine Anrechnung der Kindererziehungszeiten auch für Kinder, die vor 1992 geboren sind. Es ist unlogisch und unverständlich, dass jemand weniger wert sein soll, nur weil er im Dezember 1991 oder früher zur Welt kam.

Weiter müssen die Abschläge auf Erwerbsminderungsrenten gestrichen werden. Es müssen wieder Rentenbeiträge für die Hartz-IV-Beziehenden eingeführt werden. Da die Riester-Rente gescheitert ist, muss sie auslaufen. Wir sollten Möglichkeiten schaffen, dass Leute, die einen Riester-Rentenvertrag abgeschlossen haben, alle Beiträge und die Zuschläge des Staates in die gesetzliche Rente überführen können, ohne dass ihnen Kosten oder Verluste entstehen. Das wäre immerhin ein Ausweg.

Des Weiteren brauchen wir Lösungen für die Selbständigen.

In einem Sommer hatte Gysi, um die Verbindung zum Leben nicht zu verlieren, in einem Produktionsbetrieb gearbeitet. Eine Illustrierte veröffentlichte davon ein Foto mit dem Text: »In Krisenzeiten müssen Baufirmen sparen. Der Vormann der Linken, Gregor Gysi, hilft beim Flicken einer Baggerschaufel. Diese Schweißnaht muss später von einem Fachmann korrigiert werden.« Ja, soll er auch noch das können? – Aufnahme in Gysis Bundestagsbüro

Um es deutlich zu sagen: Ich wünsche eine solidarische Mindestrente von 1.050 Euro. Dann haben wir auch keine Altersarmut.

Ich höre schon den üblichen Einwand: Wie soll das finanziert werden?

Erstens: Alle Erwerbstätigen der nächsten Generation müssen von sämtlichen Erwerbseinkommen einen Beitrag an die gesetzliche Rentenversicherung zahlen. Auch Abgeordnete, auch Rechtsanwälte, auch Beamte. Beamte dürfen aber nicht schlechter gestellt werden.

Zweitens: Wir müssen die Beitragsbemessungsgrenzen aufgeben. Dann müssten auch die Vorstände und Aufsichtsräte einen bestimmten Prozentsatz von ihrem gesamten Einkommen in die gesetzliche Rentenversicherung einzahlen.

Drittens: Für Spitzenverdiener muss der Rentenanstieg abgeflacht werden, damit ihre gesetzlichen Renten nicht zu teuer werden.

Auch bei uns sollte der Grundsatz gelten, der in der Schweiz gilt: Die Millionäre benötigen zwar keine gesetzliche Rente, aber die gesetzliche Rentenversicherung benötigt die Millionäre. Genau das müssen wir durchsetzen.

Als ich zu diesem Thema am 1. März 2013 im Deutschen Bundestag sprach und an die Abgeordneten appellierte: »Lassen Sie uns alle gemeinsam …«, rief Martin Lindner, Berlins Landesvorsitzender der FDP und Fraktions-Vize im Bundestag, dazwischen: »Den Sozialismus wagen! Sehr gute Idee! Nicht nur in Italien gibt es Clowns!«

5.
Macht der Konzerne beschneiden

Die zentrale Frage jeder Gesellschaft ist die des Eigentums. Nicht der kleine, individuelle Besitz, sondern das Kapital der Finanz- und Wirtschaftskonzerne, die allein schon durch ihre Größe eine faktische Macht haben, die stärker und nachhaltiger wirkt als die Macht der Regierung und des Parlaments. Sie müssen von der Daseinsvorsorge ausgeschlossen werden. Diese gehört in öffentliche oder in genossenschaftliche Hand.

Nebenbei: Es hat Sinn, Genossenschaften in der Landwirtschaft und im Fischereiwesen zu fördern. Wenn unsere Konservativen nicht so ideologisch verblendet wären, würden sie sich in Frankreich, in den Niederlanden oder Portugal einmal anschauen, wie dort solche Genossenschaften funktionieren. Genossenschaften sind wirtschaftlich und sozial sinnvoll und überdies keine Erfindungen der DDR. Ein Einzelbauer ohne Verwandte und Angestellte kennt weder Weihnachten noch Ostern, und Urlaub fällt aus, weil das Vieh immer versorgt werden muss, und dann gibt es Aussaat und Ernte, Zwischenfrucht und Heumahd. Das bekommt man in einer Genossenschaft besser geregelt, und je größer die Felder, desto effektiver lässt sich arbeiten. Es gibt auf dem Land nur zwei Wege:

den der Genossenschaft oder den des Großgrundbe-
sitzers. Kleinbäuerliche Wirtschaften haben immer
schlechtere Chancen.

Zurück zu den Großkonzernen:

Zu viel Macht gefährdet die Demokratie. Nicht
der Bundestag entscheidet, was die Deutsche Bank
macht, sondern der Vorstand der Deutschen Bank
entscheidet, was die Bundesregierung macht. Wir
haben das Primat der Politik verloren.

Neben mir saß einmal Anja Kohl, die Dame von
der Börsenredaktion des Hessischen Rundfunks, die
sich vor der *Tagesschau* aus Frankfurt am Main vom
»Parkett« meldet. Wenn ich Bundeskanzler wäre, sagte
sie, und zu mir käme der Vorstand der Deutschen
Bank und erklärte, ich müsse seine Bank retten, weil
sie anderenfalls krachen ginge, dann würde auch ich
sie gewiss retten. Ich antwortete ihr, dass es mir an
Fantasie mangele, mir vorzustellen, dass ich Bundeskanzler wäre, aber mal angenommen, es wäre so:
Wahrscheinlich hätte sie recht – ich würde die Deutsche Bank retten müssen, weil sonst das Finanzsystem
zusammenbräche. Aber, setzte ich nach, wenn es sich
so verhielte, dann habe sie doch damit nur deutlich
gemacht, dass der Bundeskanzler in dieser Frage
offenkundig überhaupt keinen Spielraum hat. Er
müsse also auf diese Weise im Interesse der Bank reagieren. Das beweise doch, dass die großen Banken
erstens zu groß sind und zweitens öffentlich-rechtlich
gestaltet werden müssen. Wie die Sparkassen etwa.

Was für die Großbanken gilt, trifft auch auf die
großen Versicherungskonzerne zu. Sie dominieren das
Geschehen. Da wie dort gilt darum: verkleinern.

Frühjahrsputz auch mit Leiharbeitern

Große Industrieunternehmen sollte man ebenfalls beschneiden. Aber im Kern können sie durchaus privat bleiben, wenngleich man über ein Belegschaftsmiteigentum nachdenken sollte. Bei solchen Nomaden wie Nokia, die sich niederlassen, Fördermittel abgreifen und nach einigen Jahren weiterziehen, um in einem anderen Land das Gleiche zu wiederholen, weil dort die Unternehmensgewinne noch höher ausfallen. Das Land sollte nur unter der Bedingung Staatsmittel vergeben, dass Mitarbeiter auf diese Weise Miteigentümer würden. Nokia hätte dann nämlich bei Schließung seines Standortes in Deutschland die Belegschaft, die Miteigentümer, fragen müssen, ob sie nach Rumänien ziehen wollen. Wenn nicht, hätte Nokia bleiben müssen.

Nokia Deutschland stand keineswegs vor der Insolvenz, das Unternehmen machte Gewinne. Aber die Profiterwartung in Rumänien war höher, also machte man hier dicht.

Kurzum, die Monopolstrukturen müssen überwunden werden, die Unternehmen dürfen nie zu mächtig werden. Wir müssen uns Lösungen für die Belegschaften überlegen, das Genossenschaftswesen entwickeln. Aber eben auch nachdenken, wie das Privateigentum im Handwerk, in der Industrie, im Dienstleistungsgewerbe gestärkt werden kann.

Hat es, wird man jetzt vielleicht fragen, jemals das Primat der Politik gegeben? Ja, nach dem letzten Krieg. Die Erfahrung der Niederlage ließ selbst die CDU über eine Alternative zum Kapitalismus nachdenken, jener Gesellschaft, die auch Faschismus und Krieg hervorgebracht hatte. Hinzu kam die Herausforderung durch die Entwicklung im Osten, bei der zu jenem Zeitpunkt nicht absehbar war, was daraus einmal werden würde.

Nach dem Krieg bestimmte in Westdeutschland, in der Bundesrepublik die Politik über die Wirtschaft. Und eigentlich dauerte das an, solange die DDR existierte. Nach meiner Kenntnis wirkte allein ihr Vorhandensein auf die Innenpolitik der Bundesrepublik, sie war immer der dritte Tarifpartner, der unsichtbar mit am Verhandlungstisch saß. Als diese Zwänge wegfielen, verloren auch die Unternehmen ihre Fesseln. Und sie begannen, die Entwicklung zunehmend zu diktieren und zu beherrschen. Die Politik verlor das Primat. Diesen Prozess müssen wir umkehren.

6.
Wohnen muss bezahlbar sein

Die Mieten werden langsam unbezahlbar. Wohnen muss aber bezahlbar bleiben. Auch das hat etwas mit der Würde des Menschen zu tun. Und Obdachlosigkeit ist schon gar keine Lösung. Darum müssen wir über eine Deckelung der Mieten nachdenken. Von der Bundesregierung kommt diesbezüglich nichts.

Wenn ich es richtig verstanden habe, fordert die Kanzlerin vor den nächsten Wahlen eine Mietpreisbremse, die Anerkennung der Kindererziehungszeiten bei der Rente auch für Kinder, die vor 1992 geboren wurden, höhere steuerliche Kinderfreibeträge, die vor allem den Besserverdienenden deutlich mehr zugute kämen als den anderen. Als Ausgleich für Haushalte mit geringerem Einkommen fordert sie die Erhöhung des Kindergeldes von 184 auf 219 Euro pro Kind, und sie will mehr Geld für den Straßenbau.

Ich habe da eine Frage: Wer hat eigentlich in den letzten acht Jahren regiert? War das nicht die Bundeskanzlerin? Warum hat sie bisher nichts davon umgesetzt?

Und es stellt sich die nächste Frage: Führt diese Selbstkritik zu einer Besserung, oder fällt die Realisierung auch diesmal wieder aus?

Der SPD-Kanzlerkandidat Steinbrück hielt der Kanzlerin vor, dass sie davon vieles bei der SPD abgeschrieben habe. Ein wenig Zurückhaltung wäre hier durchaus angezeigt gewesen, denn auch die SPD hatte eine Anleihe genommen. Sie hatte zuvor nämlich bei der Linkspartei abgeschrieben.

Ich habe nichts dagegen, wenn man bei uns spiekt. Im Gegenteil: Ich freue mich, dass wir offensichtlich derart vernünftige und richtige Vorschläge machen, dass sie gern übernommen werden. Da poche ich nicht aufs Urheberrecht.

Mit der Mietpreisbremse muss man es jedoch ernst nehmen. Mehr als einmal habe ich erklärt, dass für mich Neuvermietung kein Grund für eine Mietsteigerung sei. Der Wert der Wohnung erhöht sich doch nicht dadurch, dass einer aus- und eine andere einzieht. Ein Mieterwechsel rechtfertigt keine Mietsteigerung von 10, 20 oder gar 30 Prozent. Das ist jedoch in vielen Städten inzwischen üblich. Ich finde das unerträglich, und wir müssen das endlich beenden, und zwar mit einem Gesetz.

München gilt inzwischen als teuerste Stadt der Republik, dort ist es mittlerweile einfacher, einen Job zu finden als eine bezahlbare Wohnung. Während der Gesetzgeber Mietsteigerungen bei Bestandsmieten genau regelt, haben die Eigentümerinnen und Eigentümer bei einem Mieterwechsel freie Hand. Bei den Neuverträgen sind die Mieten in den Großstädten innerhalb von fünf Jahren regelrecht explodiert: In Köln lag der Anstieg bei durchschnittlich 6,3 Prozent, in Frankfurt am Main bei 12,6 Prozent, Berlin musste 16,4 Prozent verkraften. Am heftigsten ist der Miet-

Der Bundestag in Berlin

anstieg in Hamburg ausgefallen, dort haben sich die Mieten für Neuverträge um 21,6 Prozent verteuert.

Dafür gibt es – neben dem Drang von Vermietern, möglichst hohe Einnahmen zu generieren – mindestens zwei Gründe: Es wurden in der Vergangenheit zu wenige Wohnungen gebaut, vor allem zu wenig Sozialwohnungen, weshalb die Nachfrage das Angebot übersteigt. Und offenkundig sind Mieter nicht nur willens, sondern auch in der Lage, die geforderten überzogenen Mieten zu bezahlen. In der Immobilienbranche heißt das: Eine gute Entwicklung der Konjunktur schlägt immer auf die Mieten durch.

Tatsache ist: In den Ballungszentren findet sich kaum mehr bezahlbarer Wohnraum. Die angestammte Bevölkerung zieht weg, weil sie sich die Miete nach erfolgter Sanierung nicht mehr leisten kann, und Menschen mit niedrigen Einkommen kommen erst gar nicht dorthin.

Und warum wurde weniger in den Innenstädten gebaut? Warum werden die Menschen ins Umland gelockt, um »ihren Traum« vom Eigenheim zu verwirklichen? (Wodurch Landschaft zersiedelt und mehr Autos bewegt werden, denn gearbeitet wird meist in der Stadt. Das interessiert aber in diesem Kontext nicht.) Weil die Förderung des Städtebaus durch den Bund massiv zurückgefahren wurde: von 600 Millionen Euro auf nur noch 455 Millionen Euro im Jahr 2011. Und über weitere Kürzungen wird bereits nachgedacht. Der Mieterbund spricht von einer »Wohnungskrise«.

Es muss erstens der soziale Wohnungsbau gefördert werden. Wenn ein Investor öffentliches Geld bekommt, muss er einen bestimmten Anteil Sozialwohnungen liefern, und zwar unbefristet.

Zweitens dürfen öffentliche Wohnungsbestände nicht wie bisher verkauft werden.

Drittens ist durchzusetzen, dass sich die Miete bei Neuvermietungen nicht erhöhen darf. Sie darf jährlich nur um die Inflationsrate steigen. Bei Neuvermietung gilt die Vergleichsmiete. In diese müssen sämtliche Mieten der Stadt oder Gegend einbezogen werden, nicht wie bisher nur die teuren Neuvermietungen.

Ja, es trifft zu: Wenn heute Neuverträge mehr als 20 Prozent über der Vergleichsmiete liegen, wird das laut Wirtschaftsstrafgesetzbuch als Mietwucher gewertet. Gebracht hat das allerdings wenig. Das Gesetz greift nur bei einer angespannten Marktsituation. Um sein Recht einzuklagen, muss der Mieter also nachweisen, dass er keine günstigere Wohnung finden konnte. In einer Stadt wie Berlin ist das quasi unmöglich – so existiert der Paragraf nur auf dem Papier. In der Praxis können drastisch höhere Neumieten auf diese Weise nicht verhindert werden.

Auf der anderen Seite existieren Paragrafen nicht nur auf dem Papier, sondern werden gnadenlos durchgesetzt, etwa die Zwangsräumung inzwischen auch per Einstweiliger Verfügung. Diese Regelung ist rechtsstaatlich abenteuerlich. Der Betroffene wird exmittiert und in die Obdachlosigkeit geschickt. Kommt dann sechs Monate später in der Hauptsache, so er geklagt hatte, eine gegenteilige Entscheidung, dann nützt ihm das gar nichts mehr. Irgendwann wird das Bundesverfassungsgericht darüber wohl entscheiden müssen.

Qualitätssteigerungen der Wohnungen sind mit den Mietern zu vereinbaren. Bei Investitionen sollte die Miete nur um 5 Prozent gesteigert werden dürfen. Die Erhöhung muss zurückgenommen werden, wenn die Investition mit dem ortsüblichen Zinssatz bezahlt ist. Es ist unerhört, dass Mieterinnen und Mieter solche Investitionen heute mehrfach bezahlen müssen.

7.
Soziale Gerechtigkeit für alle

Es ist ein Skandal sondergleichen, wenn einer in Deutschland einen Vollzeitjob hat, Tag für Tag, Woche für Woche, Monat für Monat, Jahr für Jahr ordentlich arbeitet, und dabei so wenig verdient, dass er zum Jobcenter gehen und Hartz IV beantragen muss. Es ist unwürdig und für mich ein klarer Verstoß gegen Artikel 1 des Grundgesetzes: »Die Würde des Menschen ist unantastbar. Sie zu achten und zu schützen ist Verpflichtung aller staatlichen Gewalt.«

Wie aber wird dieser Verpflichtung entsprochen?

Ich denke, schon ein flächendeckender gesetzlicher Mindestlohn wäre hilfreich. Wer Arbeit hat, muss davon in Würde leben können.

Außerdem sollte man sich bewusst machen, wer die Werte in der Gesellschaft schafft. Soweit ich weiß, sind es die Arbeitnehmerinnen und Arbeitnehmer und nicht die Erben von Unternehmen oder Börsenspekulanten. Und wenn in den letzten Jahren die Reallöhne, Realrenten, Realsozialleistungen nachweislich sanken, aber die Gewinne vieler Unternehmen auffällig stiegen, so kann nicht davon die Rede sein, dass es sozial gerecht zugegangen wäre: Es hätte auch der an Arbeitnehmerinnen und Arbeitnehmer ausgezahlte Anteil wachsen müssen.

Die Binnenwirtschaft lebt im Übrigen davon, dass die Kaufkraft wächst. Die sinkt aber. So dreht sich denn die Spirale abwärts.

Ich bin weder ein Anhänger der antiquierten Wachstumsphilosophie noch finde ich alle Vorschläge zum notwendigen sozialökologischen Umbau der Wirtschaft und der Gesellschaft sinnvoll und nützlich. Ich halte nichts davon, auf die kapitalistische Überproduktion mit der fortgesetzten Reduzierung des Konsums zu antworten. Wenn denen, die ohnehin schon wenig besitzen, gesagt wird, dass sie noch weniger haben sollen und der Liter Sprit fünf Euro kosten müsse, dann wollen die von Ökologie überhaupt nichts mehr hören. Zumal sie sehen, dass jene, die die hohen Spritpreise fordern, durchaus in der Lage sind, sie auch zu bezahlen. Für diese würde sich nicht viel ändern, wohl aber für sie: Sie könnten sich kein Auto mehr leisten.

Wir wollen mehr Wohlstand, mehr Lebensqualität, aber das auf ökologisch nachhaltige Weise und stets in Verbindung mit der sozialen Frage. Dieser Aspekt besitzt für mich einen zentralen Stellenwert, und darin unterscheiden wir uns wohl auch von allen anderen, die sich – der Zeitgeist lässt grüßen – den ökologischen Umbau der Industriegesellschaft auf die Fahnen geschrieben haben.

Und natürlich sehe ich auch, dass der von mir beschriebene Ausgangspunkt – flächendeckender Mindestlohn für alle – nicht mehr ist als ein Ausgangspunkt. Ich sehe auch die Unmasse an Selbständigen und Freiberuflern, die häufig unternehmerisch deshalb tätig wurden, weil sie es mussten, nicht, weil sie es wollten. Sie fanden einfach keine Anstellung. Wir lesen und hören in den Medien von wahnsinnig originellen und kreativen Start-ups, alles hip, alles ausnahmslos erfolgreich. Das aber ist in der Realität die Ausnahme. Die Regel ist das Hangeln von Monat zu Monat, ein Leben am Limit, was eine Lebensplanung unmöglich macht. Verglichen mit diesen vielen, oft sehr gut ausgebildeten jungen Menschen ist der Frosch, der ins Milchfass fiel, geradezu glücklich: Er hatte, anders als sie, eine Perspektive. Er konnte damit rechnen, dass er – wenn er denn ausdauernd strampelte – irgendwann auf einem Butterklumpen sitzen würde. Die »Generation Praktikum« hat solche Aussichten nicht. Weil wir uns dieses Problems bewusst sind, haben wir zu Beginn des Jahres in der Fraktion Grundsätze unter der Überschrift »Sozialstaat für Selbständige, Freiberuflerinnen und Freiberufler« formuliert. Ich gebe zu, der Titel ist etwas sperrig. Der Inhalt ist es nicht.

Davon ausgehend, dass nur öffentliche und umfassende Sozialversicherungen soziale Sicherheit garantieren – Banken oder Versicherungskonzerne organisieren keinen sozialen Ausgleich –, haben wir auch für die Einbindung der vielen schutzbedürftigen Selbständigen, Freiberuflerinnen und Freiberufler in diese Systeme plädiert. Und da es regelmäßig Vorstöße gibt, diese Systeme zu liquidieren, haben wir beispielsweise erklärt: »Die Künstlersozialkasse hat sich grundsätzlich bewährt und ist auf jeden Fall aufrechtzuerhalten.« Konkret forderten wir:

Alle Selbstständigen werden in die gesetzliche Solidarische Rentenversicherung einbezogen.

Selbstständige bekommen damit Zugang zu den Leistungen der gesetzlichen Rentenversicherung – von der Alters-, Hinterbliebenen- und Erwerbsminderungsabsicherung bis zu Reha-Leistungen. In einem ersten Schritt sollten alle bislang nicht obligatorisch versicherten Selbständigen in die Gesetzliche Rentenversicherung aufgenommen werden.

Wir haben in Deutschland 3,3 Millionen Selbständige, die keine Alterssicherung haben!

Solidarische Rentenversicherung bedeutet zunächst die zeitnahe Orientierung der Beiträge an dem tatsächlichen Einkommen – statt teurer Pauschalen. Selbständige mit geringem Einkommen sollen zudem bei vollen Leistungsansprüchen nur 50 Prozent des Beitragssatzes bezahlen. Mit steigendem Einkommen erhöht sich der Beitragssatz linear bis hin zur vollständigen Selbstzahlung der Beiträge.

Die Gesetzliche Rentenversicherung erhält vom Bund zum Ausgleich für nicht vollständig bezahlte Beiträge einen entsprechenden Zuschuss. Zur Refinanzierung dieses Steuerzuschusses wird vom Öffentlichen Dienst, von Unternehmen und Organisationen, die als Auftraggeberinnen und Auftraggeber agieren, eine abzuführende Sonderabgabe auf die Honorare erhoben.

Eine solidarische Neuorganisation der Gesundheits- und Pflegepolitik ist möglich durch die Einführung einer solidarischen Bürgerinnen- und Bürgerversicherung. Jeder in Deutschland lebende Mensch wird in einer gesetzlichen Kasse versichert. Alle entrichten den gleichen Prozentsatz ihres gesamten Einkommens für die Gesundheits- und Pflegeversorgung.

Die Private Krankenversicherung als Vollversicherung wird abgeschafft. Selbständige erlangen Zugang zu einer umfassenden und solidarischen Gesundheitsversorgung für alle und einer Pflege, die sich am Bedarf orientiert.

Durch die Einbeziehung aller Bürgerinnen und Bürger und aller Einkommensarten reduziert sich der zu leistende Beitragssatz nach Modellrechnungen von 15,5 auf 10,5 Prozent. Ein Mindestbeitrag für Selbständige entfällt, die Beiträge werden zeitnah nach dem tatsächlichen Einkommen entrichtet. Menschen ohne Einkommen werden beitragsfrei versichert. Kurzfristig fordern wir, Selbständige mit geringen Einkommen durch die deutliche Reduzierung der Mindestbeiträge zu entlasten.

Freiberufler und Selbständige: 3,3 Millionen von ihnen sind ohne Altersversicherung

Selbständige müssen auch gegen Erwerbslosigkeit abgesichert werden. Alle Personen, die eine selbständige Erwerbstätigkeit aufnehmen, werden in der Arbeitslosenversicherung pflichtversichert. Für langjährig Selbständige wird die Mitgliedschaft auf Antrag eröffnet. Die Beitragsregeln – insbesondere die Beitragshöhe – und die Leistungsansprüche sollen sich zunächst an den Regeln der aktuellen Mitgliedschaft, die auf Antrag erfolgt, orientieren.

Die Überwindung von Hartz IV durch eine bedarfsdeckende, sanktionsfreie Mindestsicherung kommt auch den selbständigen Leistungsberechtigten im Sozialgesetzbuch II zugute. Das menschenwürdige Existenzminimum wird garantiert. Die Geltung des regulären Steuerrechts zur Ermittlung des anzurechnenden Einkommens muss wiederhergestellt werden. Ein Verweis auf eine andere Beschäftigung mit Sanktionsandrohungen ist nicht mehr möglich.

Natürlich wissen auch wir, dass Unternehmen sich durch die Ersetzung von abhängiger durch (schein-)selbständige Arbeit ihrer arbeitsrechtlichen und sozialpolitischen Verantwortung entziehen. Sie verlagern die unternehmerischen und vor allem die sozialen Risiken und die Kosten auf die betroffenen Personen. Das ist nicht zu akzeptieren. Aus diesem Grund bin ich entschieden dafür, die missbräuchliche Nutzung von Werkverträgen sowie von Scheinselbständigkeit zu verhindern, wofür der Gesetzgeber die Grundlagen schaffen kann.

Um zeitweilige Liquiditätsschwierigkeiten wegen nicht bezahlter Rechnungen zu überbrücken, sollte die Kreditanstalt für Wiederaufbau solchen Selbständigen, Freiberuflerinnen und Freiberuflern kurzfristig und zinsgünstig Kredite gewähren.

Ich treffe gelegentlich auf junge Menschen, die von der Selbständigkeit träumen. Sie meinen, dass sie dann frei und unabhängig wären und über ihr Leben stärker selbst bestimmten. Ich sage ihnen, dass dies eine Illusion ist. Ihr Ein-Mann- oder Eine-Frau-Unternehmen hängt ihnen 24 Stunden am Tag am Hacken, sieben Tage in der Woche, Monat für Monat. Es gibt Abhängigkeiten von Auftraggebern und Abnehmern: Kommt der Auftrag, kommt er nicht, akzeptiert der Kunde, zahlt dieser pünktlich etc.? Ein Arbeitnehmer bzw. eine Arbeitnehmerin hat Feierabend, wenn die Schicht vorbei ist. Dann endet auch die Verantwortung fürs Unternehmen, und wenn die Firma untergeht, fängt sie bzw. ihn ein soziales Netzwerk auf, wenngleich auch meist mehr schlecht als recht.

Es gibt arme Freiberufler und Selbständige, es gibt auch erfolgreiche und solche, denen es mal gut und mal weniger gut geht. Und ich erinnere mich der späten 90er Jahre, jener Phase der New Economy. Viele von den damals hochgeschossenen Jungunternehmern landeten alsbald in der Pleite oder im Gefängnis.

Wenn wir einen flächendeckenden gesetzlichen Mindestlohn einführen, wächst insgesamt das Lohnniveau. Es ist doch eine einfache Logik: Der heute etwas Besserverdienende will, nachdem der Niedriglöhner vielleicht seine Gehaltsstufe erreicht, natürlich auch mehr bekommen. In der Folge werden auch die Preise beim Friseur, Bäcker, Fleischer etc. steigen, um selber kostendeckend zu produzieren. Was aber machbar ist, weil auch mehr Geld unter den Leuten sein wird. Die Lohnerhöhung wird zu einer gewissen Korrektur der Preise führen. Da gibt es vielleicht eine Zwischenphase von ein bis zwei Jahren, wo diese Wechselwirkung noch nicht selber trägt. In dieser Zeit muss man die Kleinunternehmen unterstützen.

Man kann das in Großbritannien studieren. Dort gibt es einen gesetzlichen Mindestlohn, der durchgehend gezahlt wird. Der liegt bei etwa 10 Euro in der Stunde. Aber, und das ist der Nebeneffekt, die Schwarzarbeit ging auffällig zurück. Nach Schätzung der Rockwool-Stiftung in Kopenhagen liegt in Großbritannien inzwischen der Anteil der Schwarzarbeit am Bruttoinlandsprodukt bei nur 1,2, in Deutschland hingegen bei 4,1 Prozent. Das Bundesministerium der Finanzen schätzte 2006 den Anteil der Schattenwirtschaft (zu der auch die Schwarzarbeit rechnet) an der Wirtschaftsleistung der Bundesrepublik auf 15 Prozent, d. h. auf 345 Milliarden Euro. Man kann also sehen, dass die Einführung eines Mindestlohnes nicht nur ein Beitrag zur Herstellung sozialer Gerechtigkeit wäre und die Sozialhaushalte entlastete, sondern auch andere positive Effekte für die Volkswirtschaft brächte.

8.
Perspektiven für die Nächsten

Natürlich, trotz der positiven Effekte eines gesetzlichen Mindestlohnes und seiner zentralen Bedeutung ist er kein Deus ex machina, mit dem sich alle gesellschaftlichen Probleme wie von selbst lösten. Es bleibt unverändert die Frage: Wie kommen die nachfolgenden Generationen in Lohn und Brot? In der Bundesrepublik ist die Jugendarbeitslosigkeit nicht so dramatisch hoch wie in Portugal, Spanien, Griechenland und anderen Staaten der EU. Aber viel wird verschleiert durch die »Generation Praktikum«, also jene Unmasse an exzellent ausgebildeten und meist auch mit internationalen Erfahrungen ausgestatteten jungen Menschen, die für bestimmte Jobs »überqualifiziert« sind und für andere, die der Qualifikation angemessen wären, keine Verwendung finden, allenfalls »auf Probe« oder befristet eingestellt werden.

Mit dem Wegfall des Staatssozialismus gibt es keinen Wettbewerb in der sozialen Frage. Warum sollten heute Konservative und Liberale in Deutschland ein Motiv haben, andere soziale Standards zu setzen als in anderen Staaten der EU? Und die Linke ist zu schwach, um diesbezüglich den gleichen Druck auszuüben wie ein ganzer Staat. Wären wir stärker – im

Proteste wie dieser am 11. Februar 2012 in Berlin gegen das von den USA geplante Anti-Counterfeiting Trade Agreement, kurz ACTA, führten dazu, dass am 4. Juli 2012 das Europa-Parlament mit großer Mehrheit das Abkommen ablehnte, weil es ganz offenkundig Menschenrechte aushöhlen würde

Parlament, auf der Straße – könnten wir ganz anders agieren.

Zudem war der Neoliberalismus auch hierzulande eine Zeitlang erfolgreich und hat den Zeitgeist geprägt. Der war damals aus auf Zurückdrängung des Staates und Privatisierung aller Bereiche der Gesellschaft. Und wenn alles privatisiert wird und der Einzelne nicht mithalten kann, verliert dieser zwangsläufig auch jede Perspektive.

Warum sind denn Studierende heute so wenig rebellisch? Wenn man ihnen Ende der 60er Jahre solche unbezahlten Jobs – Praktika genannt – angeboten hätte, wäre es nicht so ruhig geblieben wie jetzt schon seit Jahren. Damals hätten sich die Unternehmen und Institutionen überhaupt nicht getraut, solche »Praktika« anzubieten, weil sie – mit Recht – bundesweite Proteste fürchten mussten.

Wir alle – nicht nur die Studierenden – lassen uns heute zu viel bieten!

Aber ich kann mich nur wiederholen:

Wenn man die Gesellschaft verändern will, muss man als Erstes den Zeitgeist verändern. Und er beginnt sich zu ändern. Allein die Tatsache, dass die soziale Frage inzwischen zu einem zentralen Thema des Bundestagswahlkampfes und der öffentlichen Debatte geworden ist, zeigt doch, dass sich da etwas bewegt hat. In der Phase des Neoliberalismus wurde ich, wenn ich soziale Fragen aufwarf, behandelt, als käme ich aus dem 19. Jahrhundert. Was wurden wir als Partei verlacht und verhöhnt. Inzwischen hat sich selbst die FDP soziale Themen aufs Wahlkampfbanner geschrieben.

52 Prozent der Menschen bis zu 35 Jahren hierzulande haben befristete Arbeitsverhältnisse. Nicht einmal jeder Zweite in dieser Generation weiß überhaupt, was eine Festanstellung ist.

Und später heißt es dann: zu alt. Wären Sie doch vor zehn Jahren gekommen.

9.
Gemeinschaftsschule für alle

Wir haben 16 Bundesländer, 16 verschiedene Schulstrukturen und 16 verschiedene Lehrpläne. Das passt ins Zeitalter der Postkutschen, aber nicht ins 21. Jahrhundert. Das Bildungssystem in Deutschland ist altmodisch und antiquiert, stammt aus dem Kaiserreich, ist chronisch unterfinanziert und unterscheidet die Bildungschancen ganz klar nach sozialer Herkunft. Andreas Schleicher, der PISA-Koordinator der OECD, hat gesagt: Wenn wir die Kinder des 21. Jahrhunderts von Lehrern mit einem Ausbildungsstand des 20. Jahrhunderts in einem Schulsystem unterrichten lassen, das im 19. Jahrhundert konzipiert wurde, dann kann das so nicht funktionieren.

Warum ist das so? Ich will nicht glauben, dass dies nur am individuellen Ehrgeiz der Kultusminister liegt, dem Bildungsbereich des Landes einen eigenen Stempel aufdrücken zu wollen. Es muss auch mit dem Menschenbild der Konservativen zusammenhängen. Aber das ist widersprüchlich. Es heißt: Wir haben einen flexiblen Arbeitsmarkt. Menschen müssen dorthin gehen, wo Arbeit ist, sie können nicht erwarten, dass sie dort, wo sie geboren, aufgewachsen und zur Schule gegangen sind, auch einen Job bis zur Rente haben werden. Sie müssen auch das Bundesland wechseln. Auf der anderen Seite präferiert die Union die konservative Familie mit mindestens drei Kindern, die im eigenen Reihenhaus oder Eigenheim lebt, im lokalen Kirchenchor und im Schützenverein integriert, also ganz bodenständig verankert ist. Das eine passt irgendwie nicht zum anderen. Das Häuschen kann man so wenig mitnehmen wie den Kegelverein. Aber fast noch schlimmer ist es, wenn in der Familie schulpflichtige Kinder sind. Die »flexiblen« Eltern verhalten sich gegenüber ihren Kindern geradezu verantwortungslos, wenn sie in ein anderes Bundesland ziehen. Dort herrscht nämlich ein anderes Schulsystem, was meist die Kinder beim Lernen zurückwirft.

Die Tränen der Konservativen, dass es zu wenig Kinder gäbe, sind Krokodilstränen. Sie können auf der einen Seite nicht den flexiblen Arbeitnehmer fordern und sich auf der anderen Seite wundern, weshalb er sich von allem hinderlichen »Ballast« befreit, indem er von vornherein auf Kinder, Familie, Haus, Freunde verzichtet. Kinder waren mal ein Sicherheitsfaktor für die Familien, inzwischen sind sie ein Unsicherheitsfaktor. Die gesellschaftlichen Bedingungen sind nicht so, dass man gern Kinder in die Welt setzt.

Der flexible Arbeitnehmer soll also der Arbeit nachfolgen. Aber wenn er nur einen Arbeitsvertrag über sechs Monate oder ein Jahr bekommt? Dafür zieht man doch nicht um und verlegt seinen Wohnsitz. Also wird gependelt, eine Wohnung oder ein Zimmer am Arbeitsort gemietet, das bedeutet mitunter eine Verdopplung der Lebenshaltungskosten (zwei Haushalte, Fahrkosten etc.), so dass am Ende herauskommt: Die Arbeit ist zu teuer, man kann sie sich nicht leisten. Also meldet man sich lieber arbeitslos.

Aber zurück zu den Kindern.

Wir brauchen gleiche Bildungsstrukturen in allen Bundesländern – beginnend bei den Kindertagesstätten, die eben nicht lediglich Kinderaufbewahranstalten sein dürfen, sondern auch Lernorte sein müssen. Nicht grundlos waren die Kindergärten in der DDR dem Ministerium für Volksbildung unterstellt, während die Kinderkrippen – für Kleinkinder bis drei Jahre – dem Gesundheitsministerium unterstanden. Heute sollten alle Kindertagesstätten ebenfalls als Bildungseinrichtungen verstanden werden. Und ich möchte, dass möglichst viele Kinder in Kitas gehen, weil sie dort sozial lernen, besser und mehr jedenfalls als in der Familie. Deshalb bin ich auch ein entschiedener Gegner des Betreuungsgeldes. Wir dürfen Eltern nicht dafür bezahlen, dass sie verhindern, dass ihre Kinder in der Kita gemeinsam mit anderen lernen. Ferner: Wir brauchen in diesen Kindertagesstätten gut ausgebildetes, qualifiziertes Personal. Und der Aufenthalt muss gebührenfrei sein, gesundes Essen inklusive. Wir geben so viel Geld für Unsinn aus, hier wäre es sinnvoll angelegt, es wäre eine Investition in die Zukunft. Wie viele Kitas hätte man allein mit der verpulverten halben Milliarde für diese schädliche Spionagedrohne finanzieren können?

Das gegliederte Schulsystem stammt aus dem Kaiserreich. Wir haben es bis heute nicht überwunden. Ich will stattdessen die Gemeinschaftsschule. Von ihren Gegnern wird sie als »Einheitsschule« diffamiert. Gemeinschaftsschulen lassen sich ganz unterschiedlich ausrichten. Man kann welche für alte Sprachen, für neue Sprachen, für Musik, für Sport, für Tanz und für Mathematik und Naturwissenschaften einrichten. Man kann das sehr unterschiedlich gestalten. Die Vorteile der Gemeinschaftsschule, wie wir sie in Berlin eingerichtet haben, sind klar erkennbar: Es gibt bis zum Abitur keinen Schulwechsel mehr und keine feste Aufteilung in nach Leistung sortierten Gruppen, sondern individualisierte Förderung nach den jeweiligen individuellen Fähigkeiten. Gemeinschaftsschulen sind Ganztagsschulen. Das alles ist ein großer Vorteil.

Als die Gemeinschaftsschulen in Berlin ihre Tätigkeit aufnahmen, haben Wissenschaftlerinnen und Wissenschaftler zeitgleich begonnen, die Entwicklung der dortigen Schülerinnen und Schüler mit der von Schülerinnen und Schülern in Hamburg zu vergleichen. Bei dieser Untersuchung kam heraus: Die leistungsschwachen Schülerinnen und Schüler in Berlin waren deutlich stärker als die in Hamburg, und die leistungsstarken in Berlin waren ebenfalls besser als die in Hamburg. Die Mär, dass die Leistungsstarken in einer Gemeinschaftsschule benachteiligt würden, war damit empirisch widerlegt.

Diese These ist nach meiner Überzeugung auch aus einem anderen Grunde nicht haltbar. Kinder auf Eliteschulen sind isoliert, indem sie »unter sich« bleiben, sie lernen nicht sozial. Diese Kinder haben zwar ein größeres Faktenwissen, aber sie können letztlich nicht sozial damit umgehen. Und diese Aufsplittung verfestigt die soziale Zerklüftung der Gesellschaft. Die Eliten reproduzieren sich selbst, die sogenannten bildungsfernen Schichten werden immer mehr ins Abseits gedrängt und verbleiben auch dort für immer. Das ist nicht nur ungerecht, sondern es schadet der Gesellschaft insgesamt, wenn Begabungen nicht entdeckt werden und ungenutzt bleiben.

24 Prozent der Kinder von Nichtakademikern studieren, aber 71 Prozent der Kinder von Akademikern. Da ist doch ganz klar, welcher soziale Unterschied hier durch eine falsche Struktur im Bildungssystem manifestiert wird.

Wir haben jetzt bundesweit wieder den Zustand, dass die Herkunft des Kindes über sein weiteres Leben entscheidet. Ein Kind, das nicht zwischen Bücherregalen der Eltern aufwächst, muss nicht untalentiert sein. Aber es hat bei dem heutigen Schulsystem keine Chance, seine unentdeckten Talente zu entfalten. Wir brauchen darum ein Bildungssystem, das allen Kindern Chancengleichheit sichert. Wir müssen die Begabung eines Professorensohns ebenso fördern wie die Begabung des dritten Kindes einer alleinerziehenden Hartz-IV-Empfängerin. Kinder können nichts dafür, in welche Familie sie hineingeboren werden. Mein Schulfreund wohnte jenseits unserer Straße, seine Mutter besaß eine Bibel und ein Kochbuch, wir hatten daheim deutlich mehr Bücher. Und trotzdem ist er Oberarzt geworden. Und das, obwohl er katholisch war, was in der DDR nicht unbedingt als Empfehlung galt. Er ist ein guter Mediziner geworden. Hätte er unter den heutigen Bedingungen diese Möglichkeit gehabt? Ich glaube nicht.

Wenn ich daran erinnern darf: Gerhard Schröder kam aus ärmlichen Verhältnissen, er sagte selber: »Wir waren die Asozialen.« Er hat sich durchgewühlt und an der Abendschule die Mittlere Reife nachgeholt, dann auf dem Zweiten Bildungsweg das Abitur gemacht und anschließend Jura studiert. Er war bereits 32, als er seine Zulassung als Anwalt erhielt. Hat er aber als Ministerpräsident Niedersachsens oder als Bundeskanzler etwas unternommen, dass Kinder mit vergleichbarer Herkunft es leichter hätten als er? Heute wäre eine adäquate Entwicklung kaum noch denkbar.

»Gerhard Schröder ist der bislang einzige Bundeskanzler, der in einem Dorf geboren wurde«, heißt es bei *Wikipedia*. Man kann es als Bestätigung meiner Aussage nehmen, dass er sich durchgewühlt hat. Es lässt sich aber auch so lesen: Die anderen Bundeskanzler hatten es leichter, weil sie aus besseren Verhältnissen kamen.

Nachdem die Sowjetunion den ersten Sputnik, die erste Hündin und dann den ersten Menschen ins All befördert hatte, womit die Amerikaner sichtbar ins Hintertreffen gerieten, machte, wie ich hörte, Präsident Kennedy im Bildungsbereich Druck, um das Begabtenpotenzial der USA besser zu erschließen. An der Harvard-Universität, an der er selber studiert hatte und wo die Studiengebühren pro Jahr 52.000 Dollar betrugen, was eine unerhört hohe Schwelle darstellte, wurden die Gebührensätze korrigiert, die heute noch gelten: 70 Prozent der Studenten erhalten Stipendien, und/oder erhebliche Teile der Studiengebühren werden ihnen erlassen. Wenn das Familieneinkommen der Eltern unter 65.000 Dollar im Jahr liegt, müssen keinerlei Studiengebühren bezahlt werden. Dank Sputnik-Schock können an der ältesten Universität der USA, die auch international renommiert ist, junge Menschen studieren, die es sich sonst nicht hätten leisten können.

Und bei uns? Laut dem nationalen Bildungsbericht der Bundesregierung von 2012 sind 50.000 junge Menschen ohne Schulabschluss. 300.000 Ausbildungssuchende, das sind 30 Prozent, landen in Übergangsschleifen. 1,5 Millionen Menschen im Alter von 20 bis 29 Jahren sind ohne Berufsabschluss. 7,5 Millionen Menschen oder 14,5 Prozent der Bevölkerung zwischen 18 und 64 Jahren sind funktionale Analphabeten. 29 Prozent der Kinder und Jugendlichen unter 18 Jahren wachsen in sogenannten Risikolagen auf, also in armen oder bildungsfernen Elternhäusern.

Eine Studie über Berliner und bayerische Abiturklassen hat ergeben, dass das Faktenwissen der bayerischen Abiturientinnen und Abiturienten größer ist als das der Berliner. Das glaube ich sofort, weil ich Abiturienten aus beiden Bundesländern kenne. Andererseits ist auch festgestellt worden, dass die Berliner Zusammenhänge besser erklären können. Mit anderen Worten: Die bayerischen Abiturienten wissen, wer wann geboren und gestorben ist, und die Berliner wissen, warum.

Wahrscheinlich sitzen im Bundestag einige Abgeordnete, die eine Gemeinschaftsschule besucht haben, aber von zweien weiß ich es mit Bestimmtheit. Die eine heißt Angela Merkel, der zweite bin ich. Sie ist Bundeskanzlerin, ich Fraktionschef. Offenkundig haben wir an dieser Schule etwas auf den Lebensweg mitbekommen, das uns sehr verschieden hat werden lassen, aber doch irgendwie für diese Aufgaben qualifizierte.

Gemeinschaftsschulen sind sinnvoll. Alles andere ist soziale Ausgrenzung. Wir müssen jede Begabung fördern. Das haben die Kinder verdient, und das haben wir verdient. Kinder können nichts dafür, wenn ihre Eltern Hartz IV beziehen. Kinder dürfen nach der vierten oder sechsten Klasse nicht aussortiert werden. Wir brauchen ein wirklich modernes Bildungssystem in Deutschland – und zwar für alle Kinder.

Die öffentlichen Bildungsausgaben sind bei uns im Verhältnis zur Wirtschaftsleistung um 20 Prozent geringer als in den meisten anderen Industriestaaten, im Vergleich zu Skandinavien sogar um 50 Prozent niedriger. Der Gipfel ist, dass Lehrerinnen und Lehrer zum Teil prekär beschäftigt sind.

Wir sind ein Industriestaat, der kaum Rohstoffe besitzt und schon deshalb, aber auch wegen der sozialen Gerechtigkeit, ein gutes Bildungssystem braucht.

Stelle ich damit die föderale Struktur der Bundesrepublik zur Disposition? Mitnichten. Ich möchte aber, dass die Bundesregierung zumindest Rahmenbedingungen setzt und die Kultusminister mehr Druck erhalten, sich zu verabreden. Beispiel: In einem Bundesland werden die Kinder in der 6. Klasse getrennt. In einem anderen schon nach der 4. Jetzt wechselt eine Familie das Bundesland, das Kind kommt in die 7. Klasse und soll aufs Gymnasium, doch dort hat die gymnasiale Oberstufe bereits mit der 5. Klasse begonnen. Der Rückstand beträgt also

92

zwei Jahre. Da hat dieses Kind ein verdammt schweres Los.

In Sachsen-Anhalt hat man zwei Klassen früher Physik als in Bayern. Ein bayerischer Beamter wird nach Sachsen-Anhalt strafversetzt – freiwillig würde er vermutlich dort nicht hingehen –, und sein Kind kommt in die Klasse, in der bereits seit zwei Jahren Physik unterrichtet wird. Der Bayernknabe hat davon noch nie etwas gehört.

Jetzt kommt gewiss der Einwand: Wie oft kommt so etwas schon vor? Oft genug, um diesen Unsinn bildungspolitischer Kleinstaaterei überwinden zu müssen.

Ich kämpfe für die Gemeinschaftsschule, die man nach der 10. Klasse verlassen kann oder nach dem Abitur. Und dann gibt es noch eine Erfahrung aus der DDR, die man sich auch hätte genauer anschauen müssen: die Berufsausbildung mit Abitur. Man ist von der Schule nach der 10. Klasse abgegangen und hat danach einen Beruf erlernt und gleichzeitig das Abitur gemacht. Das war sinnvoll, insbesondere wenn man diese Ausbildung als Vorbereitung zum Studium nahm. Wenn man Chemie studieren wollte, lernte man zuvor Chemiefacharbeiter. So erwarb man sich eine praktische Grundlage.

10.
Abschaffung prekärer Arbeit

Unsere Gesellschaft wird immer tiefer gespalten. Der Reichtum nimmt zu, die Armut auch. Seit Beginn der 90er Jahre (bis 2011) hat sich das Nettovermögen der deutschen Privathaushalte von fünf auf zehn Billionen Euro verdoppelt. Die Hälfte davon verteilt sich jedoch auf zehn Prozent der Bevölkerung.

Aber 50 Prozent der Bevölkerung, sozusagen die untere Hälfte, besitzt von diesen zehn Billionen heute lediglich ein Prozent. (1998 waren es immerhin noch 4,5 Prozent.)

Noch dramatischer ist die Ausweitung des Niedriglohnsektors. Die Zahl der Leiharbeiter wächst unaufhörlich, ebenso die der Aufstocker, also jener Arbeitnehmerinnen und Arbeitnehmer, die zum Jobcenter gehen und Zuschüsse zu ihrem niedrigen Gehalt beantragen müssen, um ihre und die Existenz ihrer Familien zu sichern. Die Fälle von erzwungener Teilzeitarbeit nehmen ebenfalls auffällig zu. Nicht zu vergessen die befristeten Arbeitsverhältnisse. Das alles, was früher Ausnahme war und heute Regel ist, verdanken wir der Agenda 2010 von SPD und Grünen. Summa summarum sind heute 23 Prozent der Beschäftigungsverhältnisse prekär.

Das schwächt die Stammbelegschaften, weil sie auf diese Weise unter Druck gesetzt werden. Das schwächt auch die Gewerkschaften. Es führt, um Lohnkosten zu sparen, zum Auslagern von Produktionen, zum sogenannten Outsourcing.

All diese Vorgänge dienen ausschließlich der Profitsteigerung, nicht der Unternehmenssicherung. Wenn die Firma vor der Insolvenz steht, verzichten die Arbeitnehmerinnen und Arbeitnehmer freiwillig auf Lohn, Urlaubs- und Weihnachtsgeld, arbei-

Wenig Geld für schwere Arbeit

ten kurz und hoffen, den Arbeitsplatz durch Bescheidenheit zu retten. Mit Outsourcing, Leiharbeit etc. werden völlig andere Intentionen verfolgt.

Die genannten prekären Arbeitsverhältnisse müssen überwunden werden, wobei ich dabei nur den Linken über den Weg traue. Rot-Grün hat sie erfunden, Schwarz-Gelb weiterentwickelt. Von dort ist keine Attacke auf diese menschenunwürdigen Regelungen zu erwarten. Sie werden allenfalls kleine Korrekturen vornehmen, doch den Kern erhalten. Und das geht nicht.

Wie könnte hier eine Wende erreicht werden?

Erstens müssen wir den Zeitgeist verändern, indem das Augenmerk auf dieses Problem gelenkt wird. »Prekariat« und »Unterschicht« waren 2006 fast zum Unwort des Jahres gewählt worden, knapp geschlagen nur von der »Freiwilligen Ausreise«, womit die Abschiebung von Asylbewerbern beschönigend umschrieben wurde. Benutzt heute überhaupt noch jemand den Begriff »Prekariat«? Und in der Informationsgesellschaft gilt: aus den Augen, aus dem Sinn …

Zweitens brauchen wir, das heißt die Linkspartei, bessere Wahlergebnisse. Je stärker die Linke, desto stärker der Druck auf SPD und Grüne, sich in dieser Sache zu bewegen. Je schwächer wir sind, desto geringer der Druck und damit die Chance, etwas zu verändern.

Drittens müssen wir die Gewerkschaften stärken, und

viertens wäre es hilfreich, wenn sich auch die Kirchen und die Wohlfahrtsverbände in dieser Angelegenheit stark machten.

In der Umschulungs- und Weiterbildungswarteschleife

Und fünftens schließlich: Wichtig wäre, wenn sich Unternehmerinnen und Unternehmer, die in unmittelbarer Konkurrenz zu anderen Unternehmen stehen, welche sich mit prekären Arbeitsverhältnissen Wettbewerbsvorteile verschaffen, klar dagegen aussprächen.

Wenn all das gebündelt würde, ließe sich schon etwas erreichen.

Leiharbeit gehört verboten, oder wir führen dafür französische Regelsätze ein: Dort muss ein Leiharbeiter 110 Prozent von dem Gehalt des Stammarbeiters bekommen, dessen Job er nun macht.

Nach meiner Wahrnehmung wurden bei uns aus einem Job drei prekäre Arbeitsverhältnisse gemacht. Damit lässt sich zwar die Arbeitslosenstatistik frisieren, nicht aber die reale soziale Lage.

Ich verstehe, dass sich Leute über einen 400-Euro-Job freuen, wenn sie bis dahin keinen hatten. Aber das sind keine Arbeitsverhältnisse, die wir stabilisieren dürfen. Im Gegenteil.

Jedoch: Moralische Appelle bringen nichts. Wir müssen mit Hilfe des Zeitgeistes das Kräfteverhältnis ändern. Und ein Kräfteverhältnis ist auch ein Machtverhältnis.

Der Kapitalismus ist durch den Wegfall des Staatssozialismus wieder ursprünglicher geworden. Mit der Konkurrenz zerfällt die Gesellschaft, ihre Glieder vereinzeln. So wird nicht nur der Einzelne schwächer, sondern alle, sie empfinden Ohnmacht gegenüber den bestehenden Verhältnissen. Deshalb müssen sie sich organisieren. Viele Bürgerinitiativen zeigen doch, dass kollektiver Widerstand Erfolg haben kann. Allein – als Robin Hood oder als Michael Kohlhaas – hat man weniger Chancen.

11.
Ich bin für Auflösung der NATO

Der Nordatlantik-Pakt wurde Ende der 40er Jahre gegründet, und das Militärbündnis richtete sich natürlich gegen die UdSSR und ihre Verbündeten, was allein schon dadurch bewiesen ist, dass der Antrag der Sowjetunion auf Aufnahme in die NATO abgelehnt wurde.

Mit dem Ende des Warschauer Vertrages hätte darum auch die NATO aufgelöst werden müssen. Das kann man immer noch tun. Ich jedenfalls bin für die Auflösung. An die Stelle der NATO sollte ein Bündnis für Sicherheit und Zusammenarbeit treten. Dessen Aufgabe wäre nicht, militärisch in fremden Staaten zu intervenieren, wie das bei der NATO inzwischen Praxis ist, sondern konfliktvorbeugend und -vermeidend aktiv zu werden. Das ist ein völlig anderes Herangehen.

Mich stört am meisten an der NATO, dass sie Kriege wie selbstverständlich führt. Krieg ist wieder ein legitimes Mittel der Politik geworden.

Im April rückten Soldaten des NATO-Staates Frankreich in Mali ein. Der Welt wurde gezeigt, man habe das Land vor den vorrückenden Islamisten geschützt und dann befreit. Das fand die Welt in Ordnung, weil die Fanatiker – so sah man es im

Fernsehen und las es in der Zeitung – die zum Weltkulturerbe gehörenden Mausoleen von Timbuktu zerstörten und die Scharia einführten. Bei den Kämpfen wurden auch Zivilisten getötet, was man wie gemeinhin üblich als Kollateralschaden bezeichnete.

Ein Journalist schrieb, dass der französische Militäreinsatz weniger der Rettung der Lehmbauten von Timbuktu diente, sondern mehr der Sicherung der Uranvorkommen, auf die die Atommacht Frankreich dringend angewiesen ist. Bekanntlich erzeugt das Land seine Energie zu großen Teilen in Atommeilern. Und es gibt drei unerforschte Erdölfelder im Norden, gewaltige Phosphatvorkommen, Gas und Gold. Damit war alles gesagt. Doch der Journalist fügte hinzu: Neben den Kollateralschäden gibt es auch einen Kollateralnutzen – es wurde in der Tat verhindert, dass die Islamisten weiter Unschuldigen oder Dieben Hände und Füße abschlugen. Das habe Relevanz, sei aber nicht der Grund des Krieges.

Also halten wir fest: Militärische Interventionen heute – egal, welche propagandistischen Begründungen auch geliefert werden – erfolgen zur Sicherung ökonomischer Interessen. Das ist für mich ein entscheidender Grund, die Auflösung der NATO zu fordern. Sie ist nicht reformierbar. An ihre Stelle muss eine andere Organisation treten, die nicht Konflikte austragen, sondern verhindern soll. In dieses Bündnis gehört natürlich auch Russland.

Gleichzeitig müssten die militärischen Komponenten in der Gemeinsamen Außen- und Sicherheitspolitik der EU aufgelöst werden.

Meine Partei fordert eine breite gesellschaftliche und parlamentarische Diskussion über das außen-, sicherheits- und friedenspolitische Verständnis Deutschlands.

Das NATO-Bündnis wird von allen übrigen im Deutschen Bundestag vertretenen Parteien zur »Staatsräson« erhoben. Kritik an der NATO ist für sie tabu. In der politischen Praxis setzen sie die NATO über die UNO.

Nach Lage der Dinge sind wir die einzige Partei im Deutschen Bundestag, die einen friedenspolitischen Paradigmenwechsel fordert. Und wir bleiben dabei: Grundlage außen- und sicherheitspolitischer Entscheidungen muss die UNO-Charta sein.

12.
Auch die Justiz braucht Reformen

Natürlich ist die Unabhängigkeit der Richterinnen und Richter ein ganz wichtiges Gut.

Justiz muss, zweitens, bezahlbar bleiben. Die geplante Erschwerung von Prozesskostenhilfen ist nicht hinnehmbar. Jeder Mensch in Deutschland muss das Recht haben, die Hilfe der Justiz in Anspruch zu nehmen, um eine Entscheidung herbeizuführen. Es gibt Prozesse, die einzig deshalb nicht geführt werden, weil sie zu teuer sind.

Und drittens geht es um den Zeitfaktor. Die Verfahren beginnen oft sehr spät und dauern viel zu lang. Das widerspricht auch der Rechtsstaatlichkeit, und es betrifft sowohl das Zivil- als auch das Strafrecht.

Ich erinnere an den Fall Kachelmann. Da ging es um die Frage, ob er die Frau zum Sex gezwungen hätte oder nicht. Dazu kann man das vermeintliche Opfer und den vermeintlichen Täter vernehmen und Gutachter anhören. Vielleicht auch noch einige Zeugen aus anderen Beziehungen befragen. Aber dazu braucht man nicht Jahre. Das ist für die Beteiligten eine Belastung. Das heißt, wir müssen andere Wege finden, um derart unzumutbar lange Verfahren zu verkürzen.

Beim Verwaltungsrecht bekommt man frühestens ein Jahr nach der Klage einen Termin. Und bei der Berufung vergeht ein zweites oder gar drittes Jahr.

Ziele einer Reform müssen darum sein:

Erstens Stärkung der Unabhängigkeit der Gerichte.

Zweitens muss alles bezahlbar bleiben.

Drittens muss effektiver und innerhalb bestimmter Fristen verhandelt werden. Wenn eine Rechtsfrage zu spät geklärt wird, besitzt sie kaum noch Relevanz.

In der DDR gab es auch vernünftige Regelungen. Ein kleiner Diebstahl bis zu 50 Mark war kein Diebstahl, sondern eine Verfehlung. Da gab es eine polizeiliche Strafverfügung mit einer Geldbuße. Das war keine Vorstrafe, es wurde auch nirgends eingetragen. Wenn wir also heute sagen würden, bei Delikten bis zu 50 Euro beschäftigen wir keinen Staatsanwalt und keinen Richter, wäre das sinnvoll. Gesellschaftliche Gerichte wie die Konfliktkommissionen kann man nicht wieder ins Leben rufen, dafür gibt es die gesellschaftlichen Strukturen nicht mehr. Aber man hätte sich anschauen können, wie man mit Bagatelldelikten umgehen kann, ohne damit die Gerichte zu beschäftigen.

Ich vertrat einen Mann wegen angeblichen Betruges von 15 Euro. Er wurde freigesprochen. Steuerzahlerinnen und Steuerzahler kosteten die Ermittlungen, das Verfahren mit Hauptverhandlung und die Vereidigung mehrere Tausend Euro. Das ginge auch anders und billiger.

Und bei der Wirtschaftskriminalität hat man zu wenig Zeit und zu wenig Leute, um tatsächlich auf-

zuklären. Darum wird dort gern gedealt und verglichen.

Da ich für Berufsfreiheit bin, kann ich nicht fordern, die Zulassung von Rechtsanwälten einzu-
schränken, weil es von ihnen zu viele gibt. Aber
natürlich ist es eine Tatsache, dass Anwälte zur Existenzsicherung jeden Klienten dankbar begrüßen, der
ihnen die Lösung seines Problems, und sei es noch
so läppisch, anträgt. Wir haben bitterarme Anwälte
– was ich nicht ironisch meine –, es gibt durchschnittlich und gut verdienende. Und dann gibt es
richtig reiche in ganz großen Kanzleien. Diese sozialen Unterschiede erklären auch, weshalb man bislang
kein Standesrecht zustande bekam.

13.
Steuergerechtigkeit herstellen

Ohne Steuergerechtigkeit lässt sich auch keine soziale Gerechtigkeit herstellen. Keine Bundesregierung seit 2002 – weder Rot-Grün noch Schwarz-Rot oder Schwarz-Gelb – hat irgendetwas Wirksames gegen Steuerflucht und Steuerhinterziehung getan. Und wenn man Äußerungen von Regierungsmitgliedern durchforstet, stößt man immer wieder auf eine doppelbödige Moral, die dabei im Schwange ist. Bundesinnenminister Friedrich hat mit Blick auf die Armen aus Bulgarien und Rumänien gesagt: Wir müssen denen die Einreise verweigern. Er begründete dies damit, dass die Armen nicht das Land wechseln dürften, um ihre Armut etwas erträglicher zu gestalten. Ich teile seine Argumentation nicht. Wer Einreisen verweigert, verweigert auch Ausreisen, und das erinnert mich an die DDR. Ich frage mich aber: Warum sagte er, dieser Logik folgend, dann nicht gleichzeitig unseren Steuerflüchtlingen: »Ihr könnt euch nicht das Land aussuchen, in dem ihr am wenigsten Steuern bezahlt.«

Wieso gilt Friedrichs Logik nur für Arme im Ausland, nicht aber für Reiche aus Deutschland?

SPD und Grüne haben damals das Kasino für Spekulationen geöffnet. Dadurch kamen so dicke

Gewinne zustande, dass der Anreiz zur Steuerhinterziehung automatisch wuchs.

Sie haben den Spitzensteuersatz gesenkt, die Körperschaftssteuer, und dann auch noch das Gesetz über die strafbefreiende Erklärung bei Steuerverkürzungen nachgeschoben. Das wurde mit der Behauptung begründet, dass dadurch viel Geld in die Kassen käme. Die Rede war von fünf Milliarden Euro, am Ende waren es tatsächlich nur 1,4 Milliarden. Wenn jemand Steuern hinterzieht, was ja strafrechtlich relevant ist, sich dann gleichsam von dieser Schuld freikauft, indem er dies zugibt und seine Steuern im Nachgang entrichtet, hat dies keine strafrechtlichen Konsequenzen mehr. Das hat nichts mit Steuergerechtigkeit, mehr mit Chuzpe zu tun. Für Bagatellen kann man auch hier andere Lösungen finden. Die Große Koalition hat die Abgeltungsteuer eingeführt. Wenn einer sein ganzes Geld anlegt und dafür hohe und höchste Zinsen einstreicht, beginnt die Steuerpflicht erst ab einem bestimmten Betrag. Für dieses leistungslos erworbene Geld zahlt er 25 Prozent Steuern. Hätte er für dasselbe Geld gearbeitet, müsste er dafür 42, gegebenenfalls 45 Prozent Steuern zahlen. Ist das vertretbar, wenn einer, der arbeitet, mehr Steuern zahlen muss als einer, der lediglich sein Geld anlegt und dafür Zinsen einstreicht?

Das Steuerhinterziehungsbekämpfungsgesetz der SPD erwies sich ebenfalls als ein zahnloser Tiger.

Die Linke fordert stattdessen den Aufbau einer Bundesfinanzpolizei. Diese brauchen wir dringend zur wirksamen Bekämpfung großer Finanzstraftaten.

Der Staatssekretär des Bundesfinanzministers hat dies auch gefordert. Also sehe ich bei Union und FDP keinen Grund mehr, sich weiterhin dagegen zu sträuben.

Zweitens fordern wir mehr Fachpersonal. Dieses braucht man, wenn man wirksam Steuern einziehen will. Um die Steuerdelikte zu bekämpfen, braucht man Steuerfahnderinnen und Steuerfahnder. Allein in Bayern braucht man weitere 1.500 Kräfte. Es geht nicht, dass sich Bayern bei den Investoren mit dem Hinweis beliebt macht, es gebe nur wenige Betriebsprüfungen und man schaue nicht genau hin. Die Begünstigung von Steuerstraftaten darf nicht länger Lockmittel einiger Bundesländer in Deutschland sein.

Drittens. Wir müssen die Steuerpflicht für Einkommen und – sobald wieder eine Vermögensteuer erhoben wird – für Vermögen an die Staatsbürgerschaft binden. Das ist in den USA so geregelt.

Unsere Reichen können ins Fürstentum Liechtenstein, auf die Seychellen oder sonstwohin ziehen. Aber sie müssen verpflichtet sein, bei dem in Deutschland für sie zuständigen Finanzamt ihr Einkommen und ihr Vermögen anzugeben und ferner mitzuteilen, wie viele Steuern sie dafür in ihrem Gastland zu zahlen haben. Der Differenzbetrag ist in Deutschland zu entrichten. An dieser Stelle kommt der Einwand, dann würden die Betroffenen gewiss ihren deutschen Pass abgeben. Das glaube ich nicht, zumal das nicht so einfach ist. In den USA – und da betrifft es gewiss wesentlich mehr Vermögende als in unserem Lande – hat nachweislich weniger als eine Handvoll Multimillionäre und Multimilliardäre ihre Staatsbürgerschaft abgegeben, nachdem dieses Gesetz eingeführt worden war.

Viertens. Wir müssen, wie es ebenfalls in den USA der Fall ist, eine Informationspflicht der Banken im Hinblick auf steuerrelevante Tatsachen einführen. Wer nicht kooperiert, wer zudem bei Steuerflucht behilflich ist, verliert die Lizenz.

Fünftens. Wir brauchen auch einen Informationsaustausch zwischen Staaten und Banken. Wenn eine ausländische Bank die erbetenen Informationen verweigert, entziehen wir ihr die Lizenz. Wenn das auch Frankreich und – das ist allerdings sehr unwahrscheinlich – Großbritannien machen würden, wenn wir immer mehr Länder dafür gewinnen könnten, würden sich diese Banken sehr rasch disziplinieren. In Luxemburg denkt man um, in Liechtenstein denkt man um, selbst in der Schweiz beginnt man vorsichtig umzudenken.

Seit über hundert Jahren gibt es in Deutschland die Möglichkeit der Selbstanzeige bei Steuerhinterziehung. Wer sich beim Finanzamt offenbart, bekommt Straffreiheit. Ich halte diese Praxis für grundsätzlich falsch.

Eine vergleichbare Regelung für kleinere Delikte anderer Art gibt es nicht. Es existiert kein Gesetz, das sonst bei Selbstanzeige Straffreiheit garantiert. Das gibt es nicht für den Schwarzfahrer, nicht für den Verkehrssünder, nicht für den kleinen Betrüger und nicht für den kleinen Dieb. Nur im Hinblick auf Steuerhinterziehung selbst in Millionenhöhe gibt es eine solche gesetzliche Regelung. Dieses Privileg gehört gekündigt, es ist ungerecht. Und für Bagatel-

112

Nicht der Wohnsitz (oder Hafen), sondern die Staatsbürgerschaft soll entscheiden, wo man Steuern zahlt

len müssen generell Verfahrenseinstellungen geregelt werden.

Am 25. April 2013 forderte sogar die *Bild*, die »Strafbefreiungs-Möglichkeit für asoziale Reiche« endlich abzuschaffen.

Es gibt eine Bundesanstalt für Finanzdienstleistungsaufsicht. Die hat, wie ich hörte, inzwischen eruiert, dass deutsche Banken in 22 internationalen Steueroasen Dependancen besitzen, allein die Deutsche Bank, hieß es, unterhalte in ihrer Filiale in Singapur ein Netzwerk von über 300 Trusts und Firmen. Das Gesamtvolumen soll 152 Milliarden Euro betragen – wovon der deutsche Fiskus nichts sehe.

In Wilmington im US-Staat Delaware steht in der North Orange Street ein eingeschossiges Haus, genannt Corporation Trust Center. Das ist der Sitz von über 6.500 Unternehmen, und weitere 200.000 führen dort Briefkastenfirmen. Delaware gilt als Steueroase. Zu den »Untermietern« in diesem kleinen, unauffälligen Gebäude gehören – neben anderen deutschen Firmen – Lufthansa, Mercedes Benz und Volkswagen. Allein VW ist dort mit mehr als zehn Tochterfirmen registriert. Auch die Deutsche Bank ist mit dabei, sie unterhält dort etwa 430 ihrer mehr als 2.000 Zweckgesellschaften.

Am 6. März 2013 strahlte das ZDF eine bemerkenswerte Reportage aus, die sich mit dem Thema Steuergerechtigkeit und Steueroasen beschäftigte. In diesen Steueroasen, so schätzen Experten, werden über 20 Billionen Euro geparkt. Dieser Film »Flucht in die Karibik. Die Steuertricks der Konzerne« (*abrufbar über die ZDF-Mediathek*) begann mit folgendem Kommentar: »Deutschland in der Zukunft. Ein Leben wie im Paradies: bezahlbare Mieten, kleinere Schulklassen, mehr Lehrer, Kita-Plätze für alle. Deutschland ohne Schuldenberg, Europa ohne Finanzkrise, eine Welt, in der kein Land mehr pleitegehen muss … Warum eigentlich nicht? Ja, warum eigentlich nicht?«

Die Recherchen von Peter Ruppert, Jo Schück und Michael Strompen förderten eine der wesentlichen Ursachen zutage: die Fähigkeit der Großunternehmen, sich mit Hilfe von Steueroasen ihrer Verpflichtungen in Deutschland zu entledigen, und die Möglichkeiten, die ihnen das deutsche Steuerrecht dazu einräumt. Der Bundesfinanzminister erklärte dazu vor der Kamera, dass es nicht nur legitim, sondern auch legal sei, wenn ein international tätiges Unternehmen die steuerlich günstigsten Möglichkeiten herausfinde und für sich nutze. Und auf den Einwand, dass die ausschließlich national tätigen Unternehmen dies nicht könnten und darum oft mehr zahlen müssten als andere, was ja wohl kaum gerecht genannt werden könne, antwortete Schäuble sibyllinisch: »Es ist Aufgabe der internationalen Gemeinschaft, Regeln zu schaffen, dass die Tätigkeit steuerrechtlich dort erfasst wird, wo sie tatsächlich geleistet wird.«

Kommentar im Film: »Wie diese Regeln konkret aussehen sollen, weiß auch Schäuble noch nicht.«

OECD-Generalsekretär José Angel Gurria wurde da wesentlich deutlicher: »Die Konzerne sind so weit gegangen, wie wir es ihnen erlaubt haben.«

Man sollte erwähnen, dass an etlichen dieser steuerflüchtigen deutschen Dax-Unternehmen Bundesländer oder gar der Bund beteiligt sind …

Ohne die kapitalistischen Industriestaaten gäbe es die Steueroasen gar nicht. Und was mich am meisten nervt: Nicht wenige dieser Steuerflüchtlinge haben

Dauerurlaub unter blauem Himmel in der Steueroase: für wenige Realität, für die meisten ein Traum

Bundesverdienstkreuze, nur Steuern in der Bundesrepublik wollen sie nicht zahlen.

Ich weiß, dass die meisten Menschen das Steuerrecht nicht verstehen. Das ist nicht nur damit zu erklären, dass eine komplizierte Wirtschaft zwangsläufig auch ein kompliziertes Steuerrecht nach sich zieht. Und ich bin mir ziemlich sicher, dass auch mancher Politiker und manche Politikerin, die sich zu Steuern öffentlich äußern, so viel davon verstehen wie die meisten Steuerzahler im Lande: nämlich wenig. Aber alle teilen das begründete Empfinden, dass das deutsche Steuerrecht und seine Auslegung ungerecht sind und verwirrend, aber so ist es gewünscht. Besser lassen sich Zusammenhänge doch nicht verschleiern.

Zur Mehrwertsteuer, die nun jeder aus dem Alltag kennt und begreift, weil sie auf jedem Einkaufsbon und auf jeder Restaurantrechnung ausgewiesen ist, will ich lediglich anmerken:

Ich bin dafür, die Mehrwertsteuer für Handwerkerleistungen, für rezeptpflichtige Medikamente, im Gaststättenwesen, auf Waren und Dienstleistungen für Kinder, im Nahverkehr von 19 auf 7 Prozent zu reduzieren.

Andererseits darf man auch über eine Luxussteuer nachdenken.

14.
Regresspflicht für Politiker?

Jede kleine Firma, jede Selbständige, jeder Freiberufler und natürlich auch Privatpersonen haften für ihre Irrtümer. Werden Vereinbarungen nicht eingehalten, kann es Konventionalstrafen geben, und werden Fehler gemacht, muss der angerichtete Schaden beglichen werden.

Nun trifft das Parlament, treffen politisch Verantwortliche oft folgenschwere Entscheidungen, die auch finanziell zu Buche schlagen. Alljährlich legt der Bundesrechnungshof – und legen analog die Landesrechnungshöfe – Berichte vor, in denen minutiös aufgelistet wird, wo überall Steuergeld verheizt oder in den Sand gesetzt wurde. Am Anfang jeder dieser Fehlinvestitionen standen eine oder mehrere Fehlentscheidungen, der oder die Verursacher haben Namen und Gesicht.

Milliarden Euro wären gespart worden, wenn der Staat wirtschaftlicher gearbeitet und genauer geprüft hätte, kurz: wenn weniger geschlampt worden wäre. Das jüngste und kostspieligste Beispiel ist das Millionengrab der Spionagedrohne, deren Entwicklung und Erwerb das Bundesverteidigungsministerium veranlasste, um dann festzustellen, dass dieses Instrument von keinem Flugplatz in Europa

119

starten dürfte, weil dafür die geforderten technischen Voraussetzungen fehlen. Während sich landauf, landab der Unmut regte, das so viel Geld zum Fenster hinausgeworfen wurde, fragte jedoch kaum einer nach dem politischen Hintergrund dieser Entscheidung.

Sie wurzelte im Beschluss von Union, SPD, FDP und Grünen, aus der Bundeswehr als einer Armee zur Landesverteidigung eine Armee zur weltweiten Kriegführung und Intervention zu machen. Das war

und ist für mich nicht nur eine Fehlentscheidung, sondern eine Katastrophe.

In diesem Kontext ist auch diese Geschichte zu sehen. Spionage- und Kampfdrohnen sind Waffen der modernsten Kriegsführung. Sie dienen erst der Aufklärung und Spionage und dann dem gezielten Töten von Menschen. Eine große Mehrheit von Völkerrechtlerinnen und Völkerrechtlern hält Kampfdrohnen für völkerrechtswidrig. Das hat die vier Fraktionen nicht interessiert. SPD, Grüne, Union und FDP hatten – gegen die Linke – am 31. Januar 2007 im Haushaltsausschuss die Bereitstellung von Mitteln in Höhe von 431 Millionen Euro beschlossen, obwohl sie bereits wussten oder hätten wissen müssen, dass später auch Kampfdrohnen eingeführt werden sollen.

Die Anschaffung der Spionagedrohnen wurde von der Regierung aus Sozialdemokraten und Grünen auf den Weg gebracht. Da liegt, wie der Bundesverteidigungsminister im Juni 2013 erklärte, der Geburtsfehler. Da hat er gewiss recht. Aber er hat nichts unternommen, den Geburtsfehler zu beheben. Er hat diese Politik fortgesetzt.

Der Bundesrechnungshof ermittelte, dass spätestens im Februar 2012 klar war, dass es keine Zulassung für die Drohne geben würde. Zu jenem Zeitpunkt wäre der europäische Rüstungskonzern EADS noch verpflichtet gewesen, im Rahmen der Gewährleistung zu zahlen. Dieser Rüstungskonzern hatte sich definitiv verpflichtet, die Drohne komplett mit Zulassung zu liefern. Man hätte also bereits damals das tun müssen, was erst nach Jahresfrist geschah: die Reißleine ziehn. Das wäre teurer geworden, sagte der Minister. Hier hat, so scheint es, die Rüstungslobby ganze Arbeit geleistet. Man ließ sich mit deutschen Steuermitteln die Entwicklung eines modernen Spionagesystems, das nicht nur in Drohnen verwendet werden kann, finanzieren, das man nun weltweit zu verkaufen hofft.

Es geht darum, dass wir das Drohnenprojekt stoppen müssen, weil es ein kriegspolitischer Irrweg ist. Kampfdrohnen gehören verboten und nicht angeschafft!

Sollte man die Entscheidungsträger nunmehr in Regress nehmen, sollte man überhaupt Politikerinnen und Politiker für finanzielle Schäden dieser Art materiell in Haftung nehmen?

Die generelle Forderung ist mir zu populistisch. Ich will Politiker nicht daran hindern, Entscheidungen zu treffen. Erst wenn die Strafrechtsgrenze überschritten wird, muss selbstverständlich die Justiz handeln. Ich denke da an Bestechung, Korruption, persönliche Bereicherung, Untreue etc.

Ich habe mal in einem Ermittlungsverfahren gegen einen Senator ausgesagt, dass er eine mutige Entscheidung getroffen hatte, und zwar nicht aus Eigennutz. Aber wenn er verurteilt werden sollte, dann führt das dazu, dass aus Furcht vor den Folgen überhaupt keine Entscheidungen mehr getroffen würden. Politikerinnen und Politiker sind ja heute schon nicht besonders entscheidungsfreudig, und der Beruf ist immer weniger erstrebenswert. Dafür gibt es viele Gründe: der öffentliche Druck nach Rechenschaft und Rechtfertigung, die Furcht, nicht wiedergewählt zu werden, Regelungen und Sachzwänge, das Durchforsten des Privatlebens etc. Da ist es zu verstehen, wenn mancher sagt: Das muss ich mir nicht antun, da gehe ich lieber in die Wirtschaft und verdiene überdies mehr.

Natürlich sollte jede Parlamentarierin und jeder Parlamentarier, wenn sie über die Vergabe von Mitteln entscheiden, dies so verantwortungsbewusst tun, als wäre es ihr eigenes Geld. Darum sollten sie auch Verbindung zur Bevölkerung halten, damit ihnen bewusst ist, wessen Geld sie da ausgeben. Wer sein Wissen ausschließlich aus Bundesdrucksachen filtert, wird irgendwann selbst zur Drucksache: Er hält das, was darin abgebildet ist, für das tatsächliche Leben.

Nach meiner Beobachtung verhalten sich in der Regel Menschen verantwortlich, wenn man ihnen Verantwortung überträgt. Ich erinnere mich der Runden Tische in der Wendezeit. Da wurde kein Unsinn beschlossen, weil allen bewusst war, dass unmittelbar nach dieser Entscheidung der Beschluss auch umgesetzt werden würde. Aber wenn ich manche Anträge studiere, etwa im Bundestag oder die auf Parteitagen gestellt werden, dann wundere ich mich mitunter über die Weltfremdheit und den Mangel an Realitätssinn. Es wird offenbar in dem Wissen formuliert, dass man damit ohnehin nicht durchkommt, denn erwartete man dies, dann würde man sich des Unsinns enthalten.

15.
Ja zum Euro und zur Demokratie

Die allgemein übliche Wendung »Euro-Krise« legt nahe, dass wir es mit einer Währungskrise zu tun hätten. Das ist nun aber zunächst nicht der Fall. Noch hat keine massive Kapitalflucht aus dem Euro-Raum in andere Währungen stattgefunden. Allerdings, was nicht ist, kann ja noch kommen.

Die Standard-Deutung der gegenwärtigen Krise legt nahe, dass wir es mit einer Staatsschuldenkrise zu tun hätten. Das gängige Rezept lautet daher, die öffentlichen Ausgaben – und das sind neben Investitionen und Bildungsausgaben auch Sozialleistungen und Gehälter im öffentlichen Dienst – drastisch abzusenken. Dabei wird zweierlei übersehen. Erstens führt eine drastische Absenkung öffentlicher Ausgaben zu einer abrupt nachlassenden Binnennachfrage und wirkt daher wachstumsfeindlich. Damit gehen dem Staatswesen Einnahmen, insbesondere Steuereinnahmen, verloren, das Defizit vergrößert sich. In Griechenland hat die Ausgabensenkungspolitik zu einem Anwachsen der Staatsschulden um 60 Milliarden Euro bzw. 20 Prozent geführt. Außerdem wird die Ursache übersehen, richtiger: nicht genannt: Länder wie Irland oder Spanien waren hinsichtlich ihrer Schuldenquote einst neoliberale Mus-

125

terstaaten der Banken, Versicherungen und Hedgefonds sowie der Übernahme ihrer Schulden durch das Gemeinwesen. Erst die Finanzkrise hat, ebenso wie in Griechenland, die Staatsschulden derart ansteigen lassen. Dass durch Ausgabensenkung die Binnennachfrage gedrosselt wird, sieht die herrschende Doktrin auch, sie empfiehlt dennoch Maßnahmen zur Steigerung der »Wettbewerbsfähigkeit«.

»Wettbewerbsfähigkeit« ist aber nur ein anderes Wort für billigere Angebote und damit Exportorientierung.

Aber nicht alle Volkswirtschaften können hauptsächlich exportieren. Wenn Deutschland, als starke Exportnation, Leistungsbilanzüberschüsse erzielt, muss es immer auch Importe anderswo geben, die dort bezahlbar sein müssen. An diesem Punkt wird diese Krisendeutung, mitsamt dem zugehörigen Therapievorschlag, inkonsistent.

Will man diese Inkonsistenz beseitigen, muss man auf den Zusammenhang zwischen Leistungsbilanzüberschuss und Verschuldung, aber auch der Lohnentwicklung, reflektieren. Verschuldung infolge von Leistungsbilanzdefiziten kann als private Massenverschuldung auftreten. Das löste im Übrigen die Finanzkrise zunächst in den USA aus. Oder sie tritt eben als öffentliche Verschuldung auf.

Wie aber erzielen Überschussstaaten Leistungsbilanzüberschüsse? Indem sie mehr exportieren als importieren. Dieses Mehr besteht aber – zumindest in Deutschland – aufgrund einer Senkung der Lohnstückkosten infolge einer fallenden Reallohnentwicklung sowie einer ungerechten Steuerpolitik.

Das Ungleichgewicht in den Leistungsbilanzen hat eine wesentliche Ursache in Ungleichgewichten der Primärverteilung. An dieser Stelle muss eine Krisenbekämpfungsstrategie ansetzen. Koordiniert werden dürfen in der Eurozone nicht nur die sogenannten »Stabilitätskriterien« Inflationsrate und öffentliche Verschuldung, sondern auch Besteuerung, Lohnentwicklung und Sozialausgaben.

Was ist nun der »Euro-Rettungsschirm«?

Darunter versammeln sich mehrere Maßnahmebündel, insbesondere aber die Europäische Finanzstabilisierungsfazilität (EFSF), der als EFSF-Nachfolger konzipierte Europäische Stabilisierungsmechanismus (ESM) und – als völkerrechtlicher Vertrag – der Fiskalpakt.

Der ESM soll ein Kreditvolumen von 500 Milliarden Euro bereitstellen können. Aufgrund der fortschreitenden Krise wurde jedoch beschlossen, die bisher vergebenen Kredite durch die EFSF in Höhe von rund 200 Milliarden Euro nicht auf das Kreditvolumen des ESM zu übertragen, d. h. den über den ESM zur Verfügung stehenden Betrag nicht um diese Summe zu reduzieren. Außerdem sollten in einer Übergangszeit bis Juni 2013 im Notfall auch die noch nicht vergebenen Mittel der EFSF von gut 200 Milliarden Euro zusätzlich vergeben werden.

Finanzieren muss sich der ESM an den Finanzmärkten. Um ein gutes Rating zu bekommen, wird eine Haftungssumme verlangt, die über dem Rahmen des Kreditvolumens liegt, den der ESM bereitstellen will, nämlich 700 Milliarden Euro. Davon sind 80 Milliarden Euro als Direkteinzahlung durch die Euroländer aufzubringen, anteilig nach ihrem Kapitalanteil an der EZB. Das belastet natürlich die Staatshaushalte. Für die Bundesrepublik Deutschland wären das 21,7 Milliarden Euro. Die restlichen 620 Milliarden müssen durch Kredite, für die die Eurostaaten aber haften, bereitgestellt werden.

Durch die Verknüpfung mit dem Fiskalpakt werden dramatische Kürzungsprogramme zur Pflicht.

Der Fiskalpakt ist ein völkerrechtlicher, zwischenstaatlicher Vertrag, der neben dem Lissabon-Vertrag existiert und zwischen fast allen EU-Mitgliedstaaten vereinbart worden ist, ausgenommen Großbritannien und Tschechien. In Kraft tritt dieser Vertrag bereits mit der Ratifizierung durch 12 der insgesamt 17 Euroländer. Damit soll das »Volksabstimmungsrisiko« ausgebremst werden.

Der Vertrag legt die Vertragsstaaten auf einen Abbau der Staatsverschuldung fest. Die Zielkriterien sind eine gesamtstaatliche Schuldenquote von 60 Prozent des Bruttoinlandsprodukts (BIP) als Obergrenze – Deutschland hat derzeit eine Quote von 81,2 Prozent – sowie eine strukturelle Neuverschuldung von maximal 0,5 Prozent des BIP.

Die strukturelle Neuverschuldung ist eine volkswirtschaftliche Größe, die dadurch gebildet wird, dass aus der realen Neuverschuldung die konjunkturellen Einflüsse herausgerechnet werden. Dabei ist zu beachten, dass diese Größe nicht nur von den realen Ausgangsdaten abhängig ist, sondern von der gewählten Berechnungsmethode.

Schließlich legt der Vertrag eine Schuldenabbauregel fest, die 1/20-Regel. Sobald der Schuldenstand

128

die 60-Prozent-Obergrenze überschreitet, muss die Differenz zur Obergrenze jährlich durchschnittlich um 1/20 der Schuldenquote abgebaut werden.

Wenn ein Vertragsstaat seinen aus dem Vertrag resultierenden Verpflichtungen nicht nachkommt, wird automatisch ein Vertragsverletzungsverfahren eingeleitet. Der Kommission muss dann die Haushaltsplanung vorgelegt werden, gegen die sie ein Veto einlegen kann.

Das Europäische Parlament spielt dabei keine Rolle, es sitzt nicht einmal am »Katzentisch«.

Aber es gab eine Einwendung durch das Bundesverfassungsgericht. Die Bundesregierung war der Auffassung, ihrer Informationspflicht gegenüber dem Bundestag nicht nachkommen zu müssen, da es sich um keine EU-Angelegenheit handele. Das Bundesverfassungsgericht teilte der Bundesregierung allerdings mit, dass es die Dinge anders sehe. Das war ein Wink mit dem Zaunpfahl.

Die Verteilung von Lasten und Gewinnen

Staatsverschuldung ist aus anderer Sicht allerdings ein Problem. Sie trägt zur privaten Aneignung des Reichtums, also einer sozial ungerechten Verteilung des Nationaleinkommens, bei. Von den 73 Milliarden Euro, die aus dem ersten »Hilfspaket« an Griechenland ausgezahlt worden sind, flossen seit April 2010 rund 70 Milliarden direkt in die Hände von Banken und anderen großen privaten Gläubigern.

Verschärfend kommt hinzu, dass die Kredite der EU an Kürzungsprogramme geknüpft sind, die die griechische Bevölkerung für ihre angebliche »Rettung« teuer bezahlen muss. Resultat: Die Jugendarbeitslosigkeit liegt bei über 50 Prozent, und die Wirtschaft ist inzwischen um rund 20 Prozent eingebrochen.

Ein sinnloses Opfer, denn durch Rezession und gesunkene Steuereinnahmen ist die Verschuldung des griechischen Staates weiter gestiegen und die Rückzahlung der Darlehen nur durch die Aufnahme neuer Kredite überhaupt denkbar, letztlich und irgendwann unmöglich.

Bereits unmittelbar nach Einsetzen der rabiaten Kürzungspolitik wird der Sozialabbau eingeleitet.

Hinzu kommt: Durch Inkrafttreten des Fiskalpakts müsste in Deutschland schneller und radikaler in den öffentlichen Haushalten gekürzt werden. Das liegt daran, dass die bisherigen Vorgaben der deutschen Schuldenbremse von den Ländern erst 2020 und vom Bund 2016 hätten eingehalten werden müssen.

Diese Übergangsregeln fallen durch den Fiskalvertrag weg. Die neue Schuldenbremse gilt gleich.

Zweitens enthält die deutsche Schuldenbremse keine 1/20-Regel zum Abbau bestehender Schulden. Deutschland liegt rund 20 Prozentpunkte über dem im Fiskalvertrag festgelegten Richtwert. Das erfordert Wirtschaftswachstum und/oder zusätzliche Kürzungen.

Drittens sind die Möglichkeiten, aus konjunkturellen Gründen vom Neuverschuldungsverbot abweichen zu können, im Fiskalpakt deutlich eingeschränkt worden.

Viertens umfasst der Fiskalpakt auch die Kommunen. Insgesamt müsste Deutschland bei Inkrafttreten des Fiskalpakts mindestens rund 25 Milliarden Euro pro Jahr zusätzlich einsparen, um den Schuldenabbau erreichen zu können. Das entspricht ungefähr der kompletten Summe, die der Bund jährlich für Hartz IV ausgibt.

Natürlich kann die Wirtschaftsleistung wachsen, so dass sich die Summe reduzierte. In Zukunft ist das aber nicht einschätzbar. Ein gewaltiges Risiko bleibt.

Niemand aus der Regierung sagt, wie und wo die Einsparung erfolgen soll.

Aber auch grundsätzliche Demokratieerwägungen sind hier einschlägig. Soziale Demokratie bedeutet immer, dass ein demokratisch verfasster Staat auf sich selbst regulierend einwirken kann, um Ziele wie soziale Gerechtigkeit, demokratische Steuerung ökonomischer Prozesse, demokratische Einhegung ökonomischer Machtballungen etc. verfolgen zu können.

Mit dem Sozialstaatsprinzip, den Vergesellschaftungsoptionen und dem Demokratieprinzip hat sich die Bundesrepublik im Grundgesetz auf die soziale Demokratie festgelegt. Durch die Beschränkung, eigentlich Kappung des eigenständigen Haushaltsrechts der Parlamente beraubt sich die Bundesrepublik eines der zentralen Elemente einer demokratischen und sozialstaatlichen Verfassung. Solche Souveränitätsrechte hätten nicht an europäische Strukturen übertragen werden dürfen. Im Übrigen verbietet das Demokratieprinzip die Übertragung auf Strukturen von geringerem Niveau demokratischer Willensbildung.

Das aber ist der Fall.

Zu Recht meinte Kurt Beck (SPD) damals im Bundesrat, dass man die Rede von einem »Staatsstreich« sehr ernst nehmen müsse. Später hat er sich dazu entschieden, beim Staatsstreich mitzumachen.

Ein Mosaikstein in der Institutionalisierung der »Euro-Rettung« ist das sogenannte »Neuner-Gremium«. Hier kann man sehr gut zeigen, wie viel Demokratie *zulässig* ist, damit die Märkte sich nicht gestört fühlen.

Es handelt sich um ein Geheimgremium aus neun Mitgliedern des Haushaltsausschusses, das über europäische Ankäufe auf Sekundärmärkten mit befinden darf. Ursprünglich sollte es noch mit einigen Kompetenzen mehr ausgestattet sein, nämlich so ziemlich alles beschließen dürfen, was im Zuge der Euro-Rettung eigentlich Aufgabe des Bundestages wäre.

Man muss sich die Dimension klar machen. Deutschland hat einen Haftungsanteil an der EFSF und dem ESM, der die Größe eines Bundeshaushalts übersteigt.

Das sollte in den Händen von neun Leutchen liegen. Es ist klar, dass das Bundesverfassungsgericht dieser parlamentarischen Selbstentmachtung seinen uneingeschränkten Segen verweigern musste. Zwar hat es das Gremium nicht völlig gekippt, aber deutlich eingeschränkt. Die Bundesregierung hat es nun amtlich, dass sie Konflikte mit der Verfassung sucht.

Alternativen gibt es immer. Wichtig ist, dass die Staatsfinanzierung von den Finanzmärkten abge-

Sozialabbau und die sichtbaren Folgen

koppelt werden muss. Der Umweg der Staatsfinanzierung muss beseitigt werden. Private Banken finanzieren sich bei der EZB zu einem niedrigen Leitzins, um dann zu hohen »Risiko«-Zinsen Staatsanleihen zu erwerben – sie holen sich also Geld von Staaten, um es deutlich teurer den Staaten wieder zur Verfügung zu stellen.

DIE LINKE hat dazu die Einrichtung einer öffentlichen Bank vorgeschlagen, die sich Geld bei der EZB leiht, um es in bestimmten Situationen an Staaten weiterzuverleihen. Unter Umgehung der großen privaten Banken.

So verlieren Ratingagenturen und Finanzmärkte ihr Erpressungspotenzial, und es kann ein Schuldenschnitt vorgenommen werden, ohne die Folgen eines negativen Ratings fürchten zu müssen.

Eventuell führen dann Abschreibungen im Bankensystem zu einem Rekapitalisierungsbedarf. Dann ist aber die Vergesellschaftungsoption von privaten Großbanken – wie in Schweden vollzogen – noch ernsthafter zu diskutieren.

Wenn ein kleines oder mittleres Unternehmen in ernste Schwierigkeiten gerät, lässt man es ungerührt pleitegehen. Großbanken und Konzerne können sich gegenwärtig darauf verlassen, dass ihnen von staatlicher Seite selbst im Zeitalter des Neoliberalismus geholfen wird. Bezahlen müssen die Steuerzahlerinnen und Steuerzahler. Hier ist eine Sozialisierungsreife erreicht.

Natürlich verursacht so etwas auch Kosten. Aber die würde es ohnehin geben. Nur bekommt man dann auch Gewinne. Deshalb ist die Frage der Vergesellschaftung hier aktuell. Die öffentlich-rechtlichen Sparkassen haben uns nicht in die Krise geführt, im Gegenteil.

Zurück zur Entkopplung der Staatsfinanzierung von den Finanzmärkten. Sie kann die Zinslast der Altschulden verringern. Damit kann eine niedrigere Neuverschuldung auch ohne sozial- und wirtschaftsfeindliche Kürzungsprogramme umgesetzt werden. Auf jeden Fall muss der Finanzsektor wieder stark reguliert werden, damit das Risiko erneuter Finanzkrisen minimiert wird.

Das Ziel solide finanzierter öffentlicher Haushalte lässt sich nicht mit sozial- und wirtschaftsfeindlichen Haushaltskürzungen erreichen, sondern nur unter Einbeziehung des exorbitant gewachsenen Reichtums, der sich immer mehr in wenigen Händen konzentriert. Die Millionäre, obwohl sie nur rund ein Prozent der Bevölkerung ausmachen, haben inzwischen die Hälfte des gesamten Geldvermögens bei sich angehäuft.

Das ist ein riesiges soziales, wirtschaftliches und demokratisches Problem.

Die gesamten Staatsschulden addieren sich auf zwei Billionen Euro. Durch eine jährliche Besteuerung des Vermögens einer Person von mehr als einer Million Euro, eine weitere sozial gerechte Steuerreform und eine einmalige Vermögensabgabe ließen sich die öffentlichen Schulden ohne Haushalts- und Sozialkürzungen abbauen und darüber hinaus eine sozialere und ökologischere Zukunft gestalten.

DIE LINKE klagte gegen den Fiskalpakt und den ESM-Vertrag. Die politischen Gründe liegen darin, dass die wirtschaftspolitische Offenheit des Grundgesetzes beseitigt wird, indem eine europäische Schuldenbremse eingeführt wird, die auch durch verfassungsändernde Mehrheiten nicht mehr aufgehoben werden kann, und dass eines der zentralen demokratischen Rechte – das Haushaltsrecht des Bundestages – deutlich eingeschränkt wird. Selbst Urteile des Bundesverfassungsgerichts könnten nur dann noch nationales Recht mit prägen, wenn das durch die Kommission genehmigt wird. Es ging uns um eine Möglichkeit, diese Entwicklung noch zu stoppen.

16.
Die Demokratie verteidigen

Wessen Demokratie? Hat die Demokratie wirklich Eigentümerinnen und Eigentümer, oder fallen wir hier nur auf eine sprachliche Täuschung herein? Das Irritierende ist, dass die Frage nach Eigentümerinnen und Eigentümern der Demokratie kein Thema der Sprachphilosophie ist, sondern uns praktisch längst schon bedrängt.

In der Antike bis in die frühe Neuzeit wurde die Demokratie als die Herrschaft der Vielen bestimmt. Das bedeutete nicht die Herrschaft aller oder wenigstens der Mehrheit (Sklaven, Frauen, Zugewanderte galten nicht als Bürger der Athener Polis). Es geschah aber in Abgrenzung zur Aristokratie (Herrschaft der Wenigen) und natürlich in Abgrenzung zur Monarchie (Herrschaft eines Einzigen), wobei es hier Misch- und Verfallsformen geben kann. Interessant ist, wenn wir schon auf die Antike zu sprechen kommen, eine Bestimmung des Thukydides, dem ersten wirklichen Historiker: »Die Verfassung, die wir haben [...] heißt Demokratie, weil der Staat nicht auf wenige Bürger, sondern auf die Mehrheit ausgerichtet ist.«

Diese Bestimmung wird dem Athener Strategen Perikles in den Mund gelegt. Interessant sind hier die Formulierungen Verfassung und Mehrheit der Bürger – nicht der Menschen. Es geht um die Organisation der politischen Willensbildung.

Dieses Motiv hat sich bis heute erhalten, findet aber wichtige Ergänzungen. War in der mittelalterlichen Theologie Gott der Souverän, die weltlichen Herrscher allenfalls so etwas wie Platzhalter des Gottgewollten, so erhält Souveränität durch den Prozess der Säkularisierung eine zwar säkulare, aber doch noch eigentümlich metaphysische Bedeutung. Ausgerechnet Carl Schmitt hat das bemerkt. Souveränität ist die außer- und vorrechtliche Fähigkeit eines wie auch immer strukturierten Gemeinwesens, Recht hervorzubringen. In der Spätaufklärung nimmt der Souveränitätsbegriff endlich die Gestalt der Volkssouveränität an. Wichtig dabei ist, dass »Gewaltenteilung« zwar die Machtverteilung innerhalb eines institutionell gegliederten Gemeinwesens betrifft, nicht aber die Willensbildung durch das Volk beinträchtigen darf. Nehmen wir als Beispiel die Bundesangelegenheiten.

Die Bundesregierung (Exekutive) kann zwar Vorlagen erstellen, aber keine Gesetze beschließen. Die Exekutive soll lediglich den Willen des Gesetzgebers vollziehen, und Letzterer kontrolliert die Regierung beim Vollzug. Für den Vollzug ist natürlich auch Macht erforderlich, aber auch für die Bindung der Exekutive an Gesetze ist Macht erforderlich. Macht wird institutionell verteilt. Im Konfliktfall kann eine dritte Macht – die Justiz – entscheiden.

Die Geschichte der parlamentarischen Regierungsformen war immer auch ein Kampf um die Eroberung von Souveränitätsrechten. Es gibt also auch »Gewaltenteilungen«, die auf Kosten ungeteilter Souveränität gehen. Eine Dimension dieses Kampfs war immer die Frage der Öffentlichkeit. Die Herstellung von Öffentlichkeit ermöglicht erst die Rückbindung gewählter Gremien wie Parlamente an den eigentlichen Souverän, das Volk.

Dann finden wir eine Auseinandersetzung darum, welche Politikbereiche Angelegenheit der Regierung bzw. des Parlaments sind. Als Karl Marx die Parlamente noch mit Debattierclubs vergleichen konnte, bezog er sich auf eine Zeit, in der sie kaum mehr als das waren. Ihre Verwandlung in – wie Marx es nannte – »arbeitende Körperschaften« ist inzwischen weit vorangekommen. Wie gesagt, ganz so begrenzt wie zu Marx' Zeiten sind die Parlamentsbefugnisse heute nicht mehr. Lediglich Außen- und Sicherheitspolitik bilden institutionell noch Sonderfälle. Aber auch hier – ich erinnere an das Parlamentsbeteiligungsgesetz beim Einsatz der Bundeswehr – gibt es demokratische Fortschritte. Gleichwohl gibt es auch einen rückläufigen Prozess. Die Regierungen versuchen sich, wo es nur geht, der Kontrolle zu entziehen und Fakten zu schaffen. Dazu stehen ihr eine Reihe von Mitteln zur Verfügung, darunter der »Schutz von schutzwürdigen Geheimnissen«. Dieses Mittel kommt gern in Untersuchungsausschüssen zum Einsatz, aber auch zur Abwehr des Fragerechts.

Dann gibt es das bewährte Mittel des Sich-dumm-Stellens, das Verstecken hinter der institutionellen Gliederung des Staates und ähnliche Tricks.

Schließlich findet sich im Arsenal der Regierung auch das Ausreizen der Verfahrensordnungen. Wenn Vorlagen von erheblichem Textvolumen fünf Minuten vor Toresschluss die Abgeordneten erreichen, kann getrost davon ausgegangen werden, dass sie nicht wissen können, worüber sie beraten.

Eine besondere Rolle bei der Abwehr demokratischer Einflussnahme spielen die Geheimgremien. Ursprünglich wurden sie (der Verteidigungsausschuss, das Parlamentarische Kontrollgremium für die Geheimdienste) deshalb eingerichtet, um die parlamentarische Befassung trotz Geheimhaltungserfordernissen zu ermöglichen. Man kann darüber streiten, ob Geheimdienste oder Armeen – so wie heute aufgestellt – erforderlich sind, aber wenn es sie gibt, müssen sie kontrolliert werden – unter Wahrung des Geheimschutzes. Wenn man Einrichtungen wie Geheimdienste akzeptiert, dann aber Geheimhaltungsimperative nicht akzeptieren mag, bewegt man sich in einem soliden Widerspruch. Dann sollte man lieber für die Auflösung von Geheimdiensten eintreten.

Das Hauptproblem liegt in der Ausweitung der Geheimgremien als Form des parlamentarischen Demokratieabbaus. Ich kann auch sagen, dass beim neoliberalen Staatsumbau Geheimgremien eine besondere Rolle spielten. Wie das geht, konnte man während der Finanzkrise 2008/09 studieren. »Das Gremium tagt geheim«, so hieß es kurz und bündig in §10 des »Finanzmarktstabilisierungsgesetzes«. Dieses Gesetz sollte den Rechtsrahmen für die Bankenrettung während der Finanzkrise schaffen. Das geheime Parlamentarier-Gremium sollte dem »Sonderfonds Finanzmarktstabilisierung« (SoFFin) parlamentarischen Begleitschutz geben, jenem Fonds, aus dem für 480 Milliarden Euro Bürgschaften, Kredite und Direkthilfen an Banken und Hedgefonds vergeben werden können, für die die Steuerzahlerinnen und Steuerzahler haften.

Das bereits erwähnte Gremium besteht aus neun Abgeordneten, sechs von der Koalition, einer von jeder Oppositionspartei. Neun Köpfe für Risiken von 480 Milliarden Euro? Entscheidet dieses Geheimgremium wenigstens über die Mittel und ist verantwortlich zu machen? Mitnichten.

Die Neun dürfen Fragen stellen, mit den Antworten aber nicht operieren, nicht in die Vergabepraxis eingreifen oder mitbestimmen.

Auf die Geheimhaltungspflicht folgte prompt die Entmachtung. In diesem Fall: Selbstentmachtung des Bundestages, denn das Gesetz wurde mit Koalitions-Mehrheit so beschlossen. Über eine Summe im doppelten Umfang des Bundeshaushaltes will die parlamentarische Mehrheit nicht mitentscheiden. Die Entscheidungsgewalt überträgt sie der »Finanzmarktstabilisierungsanstalt« bei der Deutschen Bundesbank und einem ministerialen »Lenkungsausschuss« unter Fach- und Rechtsaufsicht des Bundesfinanzministeriums, in dem Kanzleramt, Wirtschafts-, Finanz- und Justizministerium mit Staatssekretären bzw. Abteilungsleitern vertreten sind.

Faktisch hat die neoliberale politische Elite den Staat übernommen, um in Not geratenen Angehörigen der neoliberalen wirtschaftlichen Eliten aus der Krise zu helfen. Die angebliche »Systemrelevanz« führt nicht nur zur Rettung maroder Hedgefonds und Banken, sondern auch zur Aushebelung elementarer demokratischer Parlamentsrechte.

Die Bundesregierung muss sich gesagt haben, dass man auf Bewährtes gern zurückgreift, als sie sich das Neuner-Gremium ausdachte. Genau genommen ist das Vertraulichkeitsargument, das der Einrichtung von Sondergremien zugrunde liegt, nicht stichhaltig. Der Bundestag als Ganzes kann jederzeit in geschlossener Sitzung tagen.

Umgekehrt kann niemand ausschließen, dass auch im Neuner-Gremium Plaudertaschen sitzen. Die Grundfrage lautet hier: Was ist wichtiger – die Demokratie oder die Banken?

Es findet ein Prozess statt, bei dem die europäische Integration nationalstaatlich verfasste demokratische Institutionen untergräbt, ohne dass auf europäischer Ebene demokratische Äquivalente nachwachsen würden. Wir haben es tatsächlich mit einem Demokratieabbau zu tun, der damit begründet wird, dass die herrschende Politik meint, Märkte »beruhigen« zu müssen. Das ist der Tausch Demokratie gegen Markt. Aber wie gesagt, das Bundesverfassungsgericht hat hier weitgehend korrigiert.

Es gibt nur eine denkbare fortschrittliche Perspektive: Das europäische Integrationsniveau, das sich gerade bildet, erfordert eine Verfassung. Diskutieren wir über eine demokratische Verfassung in Europa, die den Namen verdient.

Wir müssen die Demokratie attraktiver machen. Volksinitiativen, Volksbegehren und Volksentscheide auf Bundesebene mit angemessenen Quoren müssen zugelassen werden. Sie dürfen auch nicht haltmachen vor dem Haushaltsrecht. Die Bestimmung über bis zu zehn Prozent des Haushaltes müsste zulässig sein. Ein

Schritt dorthin könnte eine Regelung dergestalt sein, dass jede Fraktion des Bundestages berechtigt ist, zur Bundestagswahl eine Frage dem Wahlvolk zur Entscheidung vorzulegen. Dies müsste rechtzeitig geschehen. Das Bundesverfassungsgericht prüft, ob die Antwort »Ja« oder »Nein« grundgesetzkonform ist. Sofern nicht, kann die Frage neu formuliert werden. Fiele auch sie beim Bundesverfassungsgericht durch, darf die Fraktion keine mehr zur Wahl stellen. An die Entscheidung wäre der Bundestag eine Legislaturperiode gebunden, egal, welche Regierung amtiert. Das veränderte nach meiner Überzeugung den Wahlkampf, führte zu einer regeren Beteiligung an der Bundestagswahl und verschaffte vielen Menschen politische Erfolgserlebnisse, fänden sie sich am Wahlabend bei bestimmten Fragen in der Mehrheit wieder.

Außerdem plädiere ich für eine dritte Stimme bei der Bundestagswahl. Die Bürgerinnen und Bürger könnten wie bisher ihre Erststimme einem Direktkandidaten bzw. einer Direktkandidatin und die Zweitstimme einer Partei geben. Und zusätzlich könnten sie auf der Liste Kandidatinnen und Kandidaten mit drei Kreuzen auswählen.

Heute entscheidet allein die Partei über die Reihenfolge auf der Liste und sorgt so für größte Disziplin – Personen müssen der Partei, die sie nominiert, so verbunden sein, dass sie überhaupt auf die Liste kommen. So aber müssten sie zudem den Wählerinnen und Wählern so nahe sein, dass sie auch das Kreuz erhielten. Sie wären doppelt »unterstellt« – der Partei und den Wählerinnen und Wählern. Das halte ich für eine Bereicherung der Demokratie.

17.
Ausdauer und Hartnäckigkeit

Es gibt immer wieder Dinge, die mich überraschen. Dazu gehören Proteste und Protestformen an Orten, bei denen man nicht damit gerechnet hat. Ich denke an die Zeltstadt auf dem Tahrir-Platz in Kairo und das Camp in Tel Aviv gegen unsoziale Entwicklungen in Israel. Inspiriert durch die Tahrir-Proteste bildeten sich in New York Protestcamps der Occupy-Bewegung, die schnell auf andere Städte – auch in Europa – übergriffen.

Was war dort festzustellen? Es gibt keine feste Programmatik, wohl aber eine spontane und dezentrale Organisation. Es herrscht eher ein Gefühl der Ohnmacht gegenüber der demokratischen Staatlichkeit und der anonymen Macht der Finanzmärkte vor. Kritisch wahrgenommen werden gravierende soziale Ungleichheiten: »Wir sind 99 Prozent.«

Es erfolgt eine Kapitalismuskritik im Namen der Demokratie.

Die Beteiligten kommen vor allem aus den Mittelschichten, das Durchschnittsalter ist niedrig. Man sieht meist junge Leute. Kritische Ökonomen wie Krugman und Stiglitz, linke Promi-Intellektuelle wie Chomsky oder Judith Butler solidarisieren sich. Es gibt Berührungen mit Gewerkschaften.

Griechenland erhob sich – jenseits von »Occupy« – Protest gegen Massenverarmung und Bevormundung durch die »Troika«. Und in britischen Städten entluden sich im Sommer 2011 (»London Riots«) aufgestaute Aggressionen dauerhaft Ausgegrenzter gewalttätig gegen eine Ordnung, die nicht einmal als »Ordnung«, die geändert werden könnte, wahrgenommen wird. Im Mai 2013 brannten in Schweden Barrikaden: Auch dort erhoben sich Migrantinnen und Migranten, die nicht in die dortige Gesellschaft integriert werden. Nächtliche Unruhen fanden zur selben Zeit in Dänemark statt: Auch dort reagierten jugendliche Einwanderer gegen repressiv wahrgenommene Kontrollen der Polizei mit Gewalt. In der Türkei ging es um einen Park – und es entstand eine Protestbewegung gegen die Regierung Erdogan. Und der Protest in Frankfurt am Main gegen die Europäische Zentralbank wurde brutal unterbunden.

Sicher gibt es immer konkrete Anlässe, die solche Zusammenstöße provozieren. Doch sie sind immer nur der berühmte Topfen, der das Fass zum Überlaufen bringt. Es wurde bereits vorher und über geraume Zeit gefüllt. Gesellschaftliche Prozesse haben eine lange Laufzeit. Wenn man diesen Konflikten auf den Grund geht, so wird offenbar, dass sie überall die gleichen Ursachen haben. Darum halte ich es für angezeigt, dass wir uns um europäische, einschließlich verfassungsrechtliche Strukturen bemühen müssen und dass wir auch neue deutsche verfassungsrechtliche Strukturen benötigen.

Lässt sich für eine sozial-ökologische Demokratie erfolgreich in der Opposition streiten?

Vor zehn, fünfzehn Jahren sprach kaum einer in unserem Land über soziale Fragen. Heute stehen sie im Zentrum der öffentlichen Debatte. Die Linken, die das damals als Einzige thematisierten, sind seither nicht unbedingt stärker, aber einflussreicher geworden. Es muss also mit dem öffentlichen Druck zusammenhängen, mit den Konflikten und Problemen in der Gesellschaft. Sie drängen in die Medien, in die Parlamente, niemand, der sich diesen Auseinandersetzungen entziehen kann. Der Zeitgeist hat sich geändert. Den kann weder eine einzelne Partei noch irgendeine Einrichtung oder Organisation bestimmen. Daran sind viele Elemente beteiligt. Die Kunst politischer Institutionen besteht darin, diese Stimmung – sofern sie mit den eigenen Zielen korrespondiert – aufzugreifen, sie zu verstärken oder zu inspieren.

Die Linken haben es nach meiner Überzeugung mit Ausdauer und Konsequenz vermocht, ihren politischen Markenkern erfolgreich zu kommunizieren. So kam denn einiges zusammen.

Insofern teile ich die Wahrnehmung etwa der beiden Journalisten von der *Frankfurter Allgemeinen Zeitung* nicht, die mich in einem Interview am 1. Mai 2013 mit der Feststellung konfrontierten, die Linkspartei habe »ihren großen historischen Moment – die Unzufriedenheit mit der Agenda 2010 – verstreichen lassen«. Wir haben von Anfang an diese unsoziale Politik bekämpft, und wenn wir inzwischen von sehr vielen als Partei der sozialen Gerechtigkeit wahrgenommen werden, hängt dies ursächlich mit unserem Widerstand zusammen.

Das, so scheint mir, ist der gravierende Unterschied zu spontanen Unmutsbekundungen, deren Legitimität ich keineswegs in Abrede stelle. Beides wird benötigt. Aber selbst den hartnäckigsten »Wutbürger« verlässt irgendwann die Wut. Um Gesellschaft zu verändern und zu gestalten genügt aber nicht der spontane, befristete Protest. Dazu werden auch politische Strukturen, theoretische Grundlagen und Prinzipien benötigt, das ganze Instrumentarium, mit dem auch die Gegner streiten. Selbst wenn man ihnen mit gleichen Waffen gegenübertritt, heißt das noch nicht, dass sie die auch akzeptieren. Die alte Bundesrepublik war das militant antikommunistischste Land Westeuropas, das wirkt nach. Gegen Ignoranz und Dummheit ist kein Kraut gewachsen.

Doch auch hier gilt: Steter Tropfen höhlt den Stein. Am Ende macht sich hartnäckige Ausdauer bezahlt. Bei dem einen zeitigt sie früher, beim anderen später Folgen. Peter Gauweiler beispielsweise, in den frühen 90er Jahren Bayerischer Staatsminister für Landesentwicklung und Umweltfragen, war der einzige Abgeordnete der Regierungsparteien, der am 28. Februar 2013 im Bundestag *für* den Antrag der Linken »Wasser ist Menschenrecht – Privatisierung verhindern« stimmte.

Und schon Jahre zuvor, am 9. Juni 2008, kritisierte er in der *Frankfurter Allgemeinen Zeitung* seinesgleichen für den heuchlerischen Umgang mit Ostdeutschen und Linkspolitikern. »Die Angehörigen der westdeutschen politischen Klasse […] forderten die Verurteilung Honeckers mit der gleichen Überzeugungsstärke, wie sie ihm zwei Jahre zuvor eine Staatsgala veranstalten«. Gauweiler monierte, dass sie mit anderen ehemaligen ostdeutschen Funktionsträgern ähnlich verfuhren, obgleich diese doch »eine Brücke in das wiedervereinigte Land geschlagen« hätten. »Das ist gut und nicht schlecht – es sei denn, man wollte die Angehörigen dieser Klasse geistig ausbürgern. Dies aber wäre ein Angriff nicht nur auf unsere Erfahrung als Deutsche im ideologischen Bürgerkrieg des 20. Jahrhunderts, sondern auf unser Menschsein.

Jetzt (*das war im Juni vor fünf Jahren – G. G.*) wollen sie ihn sogar durch Unterschriftensammlung dazu zwingen, ›freiwillig‹ sein Bundestagsmandat niederzulegen. Gysi müsse ›geächtet‹ werden, heißt es in Zeitungsüberschriften. Was ist das für eine Sprache? Selbst im Strafvollzug darf auch der schlimmste Verbrecher nicht ›geächtet‹ werden, sondern nur die Tat.

[…] Der Vergangenheitsbewältiger – auch ein Meister aus Deutschland. Im weißen Kleid. Er sagt ›wir‹ und klopft anderen an die Brust.

›Die Schuld ist immer grenzenlos‹, heißt es in Franz Kafkas Novelle ›In der Strafkolonie‹ über eine Hinrichtungsmaschine, die so funktioniert, dass dem Verurteilten mit feinen Nadeln der Tenor seines Urteils in den Leib geritzt wird. Die Maschine versagt am Ende dann doch, wo ihr ein Urteilsspruch angetragen wird, den sie nicht zu bewältigen vermag. Der lautet: ›Sei gerecht!‹«

Ich bin, wie ich schon eingangs bemerkte, des Öfteren überrascht, wo und wie protestiert wird.

18.
Kinderbetreuung von vorgestern

Franz Müntefering hat einmal gesagt, dass es falsch wäre, Politiker an ihren Wahlversprechen zu messen. Das halte ich für einen gravierenden Fehler. Wahlversprechen, die nicht erfüllt werden, Kompromisse mit Koalitionspartnern, die nicht nachvollziehbar sind, erzeugen Politik- und Demokratieverdrossenheit.

Die erzeugt man auch, wenn man an etwas hält, und zwar festhält. Ich meine überholte Moralvorstellungen und ein antiquiertes Frauenbild, wie es in der Union noch vorherrscht. Die Männer in der CDU/CSU wünschen sich Frauen, die zu Hause sitzen, die Familie betreuen und versorgen und nebenbei noch die Kinder erziehen. Sie machen die Wohnung sauber und kümmern sich um die Wäsche aller Familienmitglieder. Dann bügeln sie die Hemden der Ehemänner. Dann gehen sie einkaufen. Dann stellen sie ihrem Mann die Puschen hin, damit er abends bequem vor dem Fernseher sitzen kann … In der Unions-Fraktion gibt es wenige Frauen, nämlich nur 18,98 Prozent. In der Fraktion meiner Partei sind mehr Frauen als Männer, nämlich 55,2 Prozent.

Ich weiß natürlich auch, dass es Frauen gibt, die sich in der ihnen zugewiesenen Rolle wohlfühlen.

Ich habe auch vor ihnen vollen Respekt. Aber das heißt nicht, dass man das politisch als Bundestag noch finanziell fördern und unterstützen muss. Ganz im Gegenteil: Wenn man die Gleichstellung der Geschlechter erreichen will, muss man zumindest in der CDU/CSU erst einmal das Bild der Männer von den Frauen grundsätzlich ändern.

Es gibt wissenschaftliche Untersuchungen, die eindeutig beweisen, dass es ein großer Vorteil für Kinder ist, wenn sie Kindertageseinrichtungen besuchen. Die Kinder lernen von anderen Kindern. Sie lernen auch sozial. Das gilt übrigens nicht nur für Kinder von Alleinerziehenden, sondern gerade auch für Kinder aus bürgerlichen, gutsituierten Verhältnissen. Sie lernen dort nämlich auch den Umgang mit anderen sozialen Schichten, eine Erfahrung, die sie daheim nicht machen können. In der Schule zeigt sich, dass jene Kinder, die vorher Kindertagesstätten besuchten, aufgeschlossener sind und rascher den Lehrstoff erfassen als jene Kinder, die nur daheim waren.

Nach den Kindertagesstätten müsste der Besuch einer Ganztagsschule beginnen, und zwar auch deshalb, weil es den Kindern hilft und gleichzeitig ermöglicht, dass Frauen und Männer sich gleichberechtigt beruflich entwickeln können.

Es gibt eine Studie, die besagt: »Besonders für die Kinder von Alleinerziehenden hat die Ganztagsbetreuung einen positiven Effekt. Ihre Schulleistungen lassen sich durch die Betreuung signifikant verbessern.« Und weiter heißt es an anderer Stelle: »Der Anteil der Kinder von Alleinerziehenden an Gymnasien würde von 36 auf 62 Prozent steigen, wenn alle Kinder diese Angebote hätten und auch wahrnehmen können.« Mit dem Kinderbetreuungsgeld wird genau das verhindert. An die ärmeren Eltern wird faktisch appelliert: »Wenn ihr Geld haben wollt, dann bringt eure Kinder nicht in die Kindertageseinrichtungen.« Ich fürchte, dass das greift und diese Menschen gegen ihre eigenen Interessen handeln. Auch darum lehne ich dieses Betreuungsgeld ab.

Übrigens haben wir bei den Kindertageseinrichtungen im Osten einen Erfahrungsvorsprung. Warum können wir das nicht in ganz Deutschland nutzen? Was spricht eigentlich dagegen?

An dieser Stelle erscholl aus der FDP-Fraktion gequältes Gelächter. Man reagierte darauf gewohnt arrogant. Ich schlug daraufhin vor, sich einmal neutrale Studien zur beruflichen Entwicklung von Frauen aus dem Osten über den Zusammenhang von Emanzipation, Qualifikation und erfülltem Familienleben anzuschauen. Doch selbst bei solchen vergleichsweise »weichen Themen« verharren sie im Schützengraben des Kalten Krieges.

Ab dem 1. August 2013 gibt es einen Rechtsanspruch auf Kinderbetreuungsstellen. Vielen Kommunen fehlt dazu jedoch das Geld. Man hätte ihnen das sinnlos vergebene Betreuungsgeld geben sollen, um Kitas zu finanzieren. 71 Prozent aller Befragten in Deutschland lehnen das Betreuungsgeld ab, übrigens auch 62 Prozent der CDU-Sympathisanten.

Nicht nur unerfüllte Wahlversprechen können zu Verdrossenheit führen, sondern auch die Ignoranz gegenüber Mehrheitsmeinungen.

19.
Und nun auch noch Zypern

Nach Griechenland, Portugal, Spanien und Irland ging es dann um ein Rettungspaket für Banken auf Zypern. Nicht für die Bevölkerung, nicht für die Wirtschaft, sondern wieder nur für die Banken. Laut Deutscher Bundesbank waren bis dato rund 65 Milliarden Euro zur Rettung von Banken in Europa aufgewandt worden. Und seit 2008 hatte die Bundesrepublik für die Rettung deutscher Banken im Inland 285 Milliarden Euro aufgebracht.

Die Frage ist: Werden diese 350 Milliarden je zurückfließen?

Es wird die Wirtschaft in den betroffenen Staaten durch Sparmaßnahmen derart ruiniert, dass diese kaum in der Lage sein werden, das Geld zurückzuzahlen.

Auch beim Rettungspaket für die zyprischen Banken haftet die Bundesrepublik wie schon bei Irland, Griechenland, Spanien und Portugal mit 27 Prozent, d. h. es haften die deutschen Steuerzahlerinnen und Steuerzahler für den Fall, dass diese Länder nicht in der Lage sind, die Darlehen fristgerecht zurückzuzahlen. Alle Auflagen, die an die Kredite geknüpft sind, führen zu einem Rückgang der Kaufkraft, zu einem Rückgang der Wirtschaft und damit auch zu einem Rückgang der Steuereinnahmen. Zypern und die anderen Ländern werden deshalb nicht in der Lage sein, die Darlehen zurückzuzahlen.

Wovon sollen dann die deutschen Steuerzahlerinnen und Steuerzahler das Geld aufbringen? Es fehlt uns Geld für Kindertagesstätten, überhaupt für Bildung, für Gesundheit, für Investitionen, für Renten und Sozialleistungen.

Zypern braucht zur Rettung und zur Abwicklung von Banken 23 Milliarden Euro. 13 Milliarden Euro sollen die Zyprioten selbst aufbringen, zehn Milliarden Euro sollen als Darlehen dazukommen. Die Wirtschaftsleistung Zyperns liegt bei 17 Milliarden Euro. Wie soll Zypern 13 Milliarden Euro erwirtschaften?

Übrigens sollten es zunächst nur 7,5 Milliarden Euro sein, dann wurden es aber 13 Milliarden Euro. Weshalb? Weil die Reichen rechtzeitig von der geplanten Konteneinfrierung erfuhren und ihr Geld aus Zypern abzogen. Wer klärt das eigentlich einmal auf?

Was verlangen die Troika und die Bundesregierung für die zehn Milliarden Euro, die als Darlehen vorgesehen sind? Sie verlangen wie stets Privatisierungen, Renten- und Lohnkürzungen und Entlassungen. Das sei angeblich erforderlich, um die Staatsausgaben zu senken.

Und was ich für einen Skandal hielt: die Überlegung, die Einlagensicherung von 100.000 Euro zu kippen und selbst die kleinsten Sparguthaben anzuzapfen. Als ich das im Bundestag ansprach, warf man mir vor, ich würde die Sparer verunsichern.

Die Verunsicherung trat aber ein, weil mit der Zustimmung der Bundeskanzlerin und des Bundesfinanzministers jedes Konto in Zypern herangezogen wurde.

Bei der Laiki Bank, die vollständig abgewickelt werden soll, wollte man alle Sparguthaben über 100.000 Euro einziehen. Nicht nur ich hielt das rechtlich für äußerst problematisch. Bei den anderen Banken sollte ein Schuldenschnitt erfolgen, und zwar durch Einbehaltung von 60 Prozent der Sparguthaben über 100.000 Euro.

Aber traf es wirklich die Vermögenden und Reichen? Natürlich nicht. Die hatten sich längst aus dem Staub gemacht.

Wer zahlt also nun für die Banken auf Zypern? Es sind vor allem die Pensionskassen, also die Rentnerinnen und Rentner mit ihren Ersparnissen. Sie wurden enteignet. Die Gelder der Rentenkassen bei der abzuwickelnden Laiki Bank sind komplett weg. Bei den Verhandlungen mit der Troika versuchte die zyprische Seite, die Pensionskassen vor ihrer Enteignung zu schützen. Aber die Troika lehnte dies kategorisch ab.

Bezahlen müssen die Krise auch die vielen kleinen und mittelständischen Unternehmen, liebe FDP, für die Sie angeblich immer so kämpfen und die mehr als 100.000 Euro auf dem Konto hatten, um Löhne und Vorleistungen zu bezahlen. Viele von ihnen müssen jetzt Konkurs anmelden. Sie gehen in Insolvenz und müssen ihre Beschäftigten entlassen.

Die Anleger versuchen natürlich, so schnell wie möglich Zypern zu verlassen. Das stürzt Zypern in eine noch tiefere Krise. Als wir in Deutschland in einer solchen Situation waren, haben wir ein Konjunkturprogramm beschlossen. Von den anderen verlangen wir regelmäßig, alles abzubauen, bis die Krise sich noch deutlich verschärft. Dann soll privatisiert werden: die staatliche Telefongesellschaft, die staatlichen Häfen und die staatlichen Stromerzeuger.

Diese Unternehmen aber haben Zypern Geld gebracht. Wenn die jetzt – aus der Not heraus – verbilligt verkauft werden müssen, fließt nie wieder Geld aus diesen Unternehmen an den Staat. Auch das macht es unwahrscheinlich, dass Zypern je die Darlehen zurückzahlen kann.

In Zypern wird die Mehrwertsteuer von 17 auf 19 Prozent erhöht, und die Staatsangestellten müssen auf 14,5 Prozent ihrer Gehälter verzichten. Ab 2014 werden ihre Renten deutlich sinken. Das gilt für die Kindergärtnerin, das gilt für den Müllfahrer. All diese Menschen müssen die Krise bezahlen, obwohl sie diese nicht im geringsten verursacht haben.

Die EU prognostiziert infolgedessen in diesem Jahr einen Rückgang der Wirtschaftsleistung in Zypern um neun Prozent, im nächsten Jahr um weitere vier Prozent. Die Arbeitslosigkeit wird weit über die jetzige Rate von 15 Prozent hinausschießen. Diese Prognosen waren regelmäßig zu optimistisch. Sie werden es auch in diesem Falle sein.

In der *Süddeutschen Zeitung* war zu lesen, dass der gesamte Export der Autoindustrie in Nord- und Mitteleuropa rückläufig sei, und zwar um zehn Prozent, in Deutschland sogar um 13 Prozent. Offenkundig will die Regierung nicht wahrhaben, dass mit diesem von ihr getragenen Kurs, der auf die Verarmung Zyperns und des Südens Europas zielt, auch Deutschland wirtschaftliche Chancen genommen werden.

Wann, so frage ich nicht zum ersten Mal, haften endlich Banken für Banken?

Was passiert, wenn ein Bäckermeister in Insolvenz gehen muss? Kommt da einer von dieser Regierung oder von SPD und Grünen und verspricht: »Natürlich retten wir den armen Bäckermeister«?

Keiner kommt!

Auch bei Industrieunternehmen unterbleibt das regelmäßig. Nur bei den Banken können sich die Anteilseigner, Eigentümer und Aktionäre darauf verlassen. Sie können treiben, was sie wollen, sie können zocken, wie sie möchten. Das spielt keine Rolle. Die Steuerzahlerinnen und Steuerzahler übernehmen im Ausfallsfalle die Entschädigung.

Das ist nicht länger hinnehmbar.

Um nicht missverstanden zu werden: Die Sparguthaben der Bürger und der Unternehmen kann und muss man retten, aber nicht die Einlagen von spekulierenden Großaktionären und Anteilseignern. Wenn sich ein Unternehmen verzockt hat, für das ich als Anteilseigner mit hafte, habe ich eben Pech gehabt. Nur bei den Banken gilt das nicht. Das hat mit Marktwirtschaft übrigens nichts zu tun.

Der Markt hört bei Banken auf, und das rügt gerade die Linke. So weit sind wir schon gekommen in Deutschland.

Was könnten wir also tun, damit die Banken haften? Wir brauchen einen Bankenabwicklungsfonds, in den auch und in erster Linie die Banken einzahlen. Das wurde bislang von der Bundesregierung verhindert. Und wir müssen etwas gegen die Kapitalflucht und Steueroasen unternehmen.

Weder die Vorgängerregierung noch die jetzige ist dabei aktiv geworden. Es waren nicht die Finanzbehörden, sondern ein Netzwerk von Journalistinnen und Journalisten, das Datensätze von über 130.000 Millionären aus über 170 Ländern öffentlich machte und dabei feststellte, dass ein Vermögen von rund 24 Billionen Euro – das ist mehr als ein Drittel der Wirtschaftsleistung der ganzen Welt – vor den Steuerbehörden versteckt wird.

Wenn aber einmal eine Hartz-IV-Empfängerin eine falsche Angabe macht und zehn Euro zu viel bekommt – das wird kontrolliert –, dann gibt es sofort Sanktionen.

Wenn Millionen und Milliarden versteckt werden, achtet keine Behörde darauf. Es wird endlich Zeit für die schon erwähnte Bundesfinanzpolizei, ein Steuer-FBI, für die Bindung der Steuerpflicht an die Staatsangehörigkeit. Egal, wo Leute wohnen.

Außerdem sollte man Banken, die Kunden bei der Steuerflucht behilflich sind, ebenfalls die Lizenz entziehen. Und wenn ferner sichergestellt wird, dass Eigentümer von Banken und Inhaber von Bankenanleihen vollständig zur Deckung der Verluste der Banken herangezogen werden, dann gibt es einen anderen Weg aus der Krise.

Und schließlich brauchen wir in Deutschland und Europa eine regelmäßige Vermögensteuer für ein privates Vermögen von über einer Million Euro und eine einmalige Vermögensabgabe. Eine Gesellschaft kann nicht damit leben, dass die Armen immer ärmer und die Reichen immer reicher werden. Wir brauchen hier eine deutliche Korrektur.

SPD und Grüne stimmten natürlich, wie immer, auch dem »Rettungspaket« für Zypern zu. Damit sagten sie »Ja« zur Enteignung der Rentnerinnen und Rentner in Zypern, »Ja« zum Sozialabbau auf der Mittelmeerinsel, »Ja« zur Lohnkürzung und zu einer völlig falschen Privatisierung. Sie sagten auch »Ja« zur Entlassung von Angestellten auf Zypern und zur Haftung der Steuerzahlerinnen und Steuerzahler in Deutschland. Sie sagten »Ja« zur Bezahlung der Krise durch Unbeteiligte und Unschuldige.

Nur auf uns war Verlass. Wir konnten einem solchen Programm nicht zustimmen.

Und was vermerkte das Bundestagsprotokoll an dieser Stelle: »Bartholomäus Kalb (CDU/CSU): Und dafür hat er 15 Minuten gebraucht, um uns das zu erklären!«

Er hatte es noch immer nicht begriffen.

Und da war er, leider, nicht allein.

20.
Ja, Reichtum für alle

Im Bundestag versuchten uns Abgeordnete der Regierungsparteien weiszumachen, dass wir weder eine Vermögensabgabe noch eine Vermögensteuer benötigten, weil in Europa, mehr oder minder, Steuergerechtigkeit herrsche, die mit der Einführung aber verloren ginge.

Natürlich war das Unsinn, der einzig aus Sorge um die Reichen verzapft wurde.

Die Unternehmensteuern in der EU sind um neun Prozent gesunken und liegen nunmehr bei 23,3 Prozent. Die Spitzensätze der Einkommensteuer sind EU-weit im Schnitt um 7,3 Prozent gesunken. Die Reichen- und Vermögensteuern liegen EU-weit bei 2,1 Prozent: in Großbritannien bei 4,2 Prozent, in Frankreich bei 3,4 Prozent und in Deutschland bei lediglich 0,9 Prozent. Das ist die Realität. Selbst in den USA liegen diese Steuern bei 3,3 Prozent.

So sieht es also aus, wenn man die Finanzmärkte völlig dereguliert und eine gigantische Umverteilung von unten nach oben organisiert.

Das ist die Hauptursache für die Banken- und Finanzkrise und damit auch für die hohen Staatsschulden.

163

Interessant ist auch, wo das viele Geld hinwandert. Das wird nämlich nicht mehr in die Wirtschaft investiert, sondern es fließt überwiegend in sogenannte Kapitalvernichtungssammelstellen: in Banken, Vermögensfonds, Hedgefonds und Private-Equity-Fonds.

Die Vermögenswerte von Privatanlegern betragen weltweit etwa 100 Billionen Euro. Die Wirtschaftsleistung aller Staaten beträgt 50 Billionen Euro. Das ist die Situation, mit der wir es zu tun haben.

Daran wollen die Regierungsparteien so wenig ändern wie SPD und Grüne.

Das illusorische Ziel, aus Geld Geld zu machen, nicht dafür zu arbeiten, sondern mit Spekulationen das Kapital zu vermehren, führt zu diesen Krisen.

Wir haben in Deutschland einen Armuts- und Reichtumsbericht.

Seit 20 Jahren hat sich das Geldvermögen aller Haushalte in Deutschland von fünf auf zehn Billionen Euro verdoppelt. Wie schon erwähnt besitzen 0,6 Prozent der Haushalte davon jedoch 20 Prozent, das heißt zwei Billionen Euro. Wir hatten vor der Krise 799.000, jetzt sind es 830.000 Millionäre.

Zehn Prozent der Bevölkerung besitzen 50 Prozent des Vermögens. Das sind fünf Billionen Euro. Die unteren 50 Prozent haben nur ein Prozent dieses Vermögens.

So sieht die Schere aus, die sich weiter öffnet.

Die Reallöhne sanken um 4,5 Prozent. Die unteren zehn Prozent, also jene Menschen, die am wenigsten verdienen, mussten sogar einen Verlust von neun Prozent hinnehmen.

In den 80er Jahren war Deutschland mit einem Anteil des Niedriglohnsektors von 14 Prozent im internationalen Vergleich das Schlusslicht. Das war nicht unbedingt zu bedauern. Heute sind wir bei 25 Prozent und teilen uns mit den USA Platz 1.

Das ist ein Skandal.

Unter Rot-Grün erfolgte eine Steuerreform, die ganz entscheidend zu dem Desaster beigetragen hat.

Die Unternehmensteuern sind von 51,6 Prozent auf 29,8 Prozent nominal gesenkt worden; effektiv – das, was wirklich gezahlt wird – sind es nur 22 Prozent. Der Spitzensteuersatz ist von 53 Prozent – noch unter Kohl – auf 42 Prozent gesenkt und dann bei Merkel und Steinmeier für ganz hohe Einkommen auf 45 Prozent erhöht worden.

Auf diese Weise gingen seit 2001 Einnahmen von 380 Milliarden Euro verloren. Das ist eine »Steuerungerechtigkeit«, die als Umverteilung von unten nach oben wirkt.

Ich denke, dass die Zeit reif ist, endlich einmal von oben nach unten zu verteilen.

Und es ist wirklich nicht hinzunehmen, dass diejenigen, die die Krise verursacht haben, nun auch noch ihr verdienen.

An dieser Stelle kommt immer der Aufschrei: Das ist Enteignung. Und: Das Grundgesetz schützt das Eigentum! Wenn dies so wäre, dürften überhaupt keine Steuern erhoben werden. In Art. 14 des Grundgesetzes steht jedoch, Eigentum soll zugleich dem Allgemeinwohl dienen. Wenn Milliardäre im Sinne der Verfassung handeln wollen, müssten sie auf eine Vermögensteuer geradezu warten.

Die einmalige Vermögensabgabe auf privates Vermögen über einer Million könnte gegebenenfalls auch in Raten bezahlt werden. Dafür gibt es das Beispiel des Lastenausgleichsgesetzes von 1952.

Für Betriebsvermögen gelten selbstverständlich Ausnahmen, um die Liquidität nicht zu gefährden.

Die Vermögensteuer von fünf Prozent soll nach meiner Auffassung auf das Vermögen jenseits einer Million Euro – außer Betriebsvermögen – erhoben werden.

Die aktuelle Praxis sieht so aus: Wenn jemand eine Million Euro im Jahr verdient, dann muss er darauf über 40 Prozent Steuern zahlen. Wenn er sein Geld irgendwo anlegt und noch einmal eine Million Euro Zinsen bekommt, dann muss er nur 25 Prozent Steuern bezahlen. Ich bin dafür, höhere Zinseinnahmen wie Einkommen zu behandeln.

Aktuell leben in Europa rund 3.100.000 Dollar-Millionäre, die 10,2 Billionen Dollar besitzen. Solche Menschen leben auch in Griechenland, Italien, Spanien und Portugal. Warum werden sie nicht zur Bgeleichung der Staatsschulden herangezogen?

Es gibt auch erfreuliche Entwicklungen.

In Hamburg hat sich ein Verein von Millionären gegründet. Dessen Mitglieder möchten eine Vermögensteuer zahlen. Erstens werden sie ein bisschen patriotisch sein, und vielleicht wollen sie auch, dass ein wenig mehr soziale Gerechtigkeit im Lande herrscht. Zweitens ist ihnen bewusst: Wer in der Not nicht abgibt, gefährdet sich am Ende selbst.

Damit zeigen sich sich weitsichtiger und klüger als die Mehrheit im Bundestag.

Der Apostel Paulus erteilte seinem Weggefährten Timotheus, wie in der Bibel nachzulesen ist (1. Brief an Timotheus), einen klugen Rat, den ich für unverändert gültig halte. »Den Reichen musst du unbedingt einschärfen, dass sie sich nichts auf ihren irdischen Besitz einbilden oder ihre Hoffnung auf etwas so Unsicheres wie den Reichtum setzen. […] Sage ihnen, dass sie Gutes tun sollen und gern von ihrem Reichtum abgeben, um anderen zu helfen. So werden sie wirklich reich sein und sich ein gutes Fundament für die Zukunft schaffen, um das wahre und ewige Leben zu gewinnen.«

Und vergessen wir nicht jenen bekannten Vers aus dem Matthäus-Evangelium, der sich auch bei Lukas 18,25 findet: »Eher geht ein Kamel durch ein Nadelöhr, als dass ein Reicher in das Reich Gottes gelangt.«

Wann begreifen dies auch Christdemokraten und Christsoziale? Muss ich noch Bibelstunden geben?

21.
Mindestlohn und frisierte Statistik

Das Bruttoinlandsprodukt gilt als Gradmesser für die Leistungsfähigkeit einer Wirtschaft. Das Wachstum des Bruttoinlandsprodukts sank von drei Prozent im Jahr 2011 über 0,7 Prozent im Jahr 2012 auf vermutlich 0,4 Prozent im laufenden Jahr.

Im Fiskalpakt steht, dass ein Staat nicht mehr als 60 Prozent seines Bruttoinlandsprodukts als Schulden haben darf. Gleichzeitig ist geregelt, dass man, wenn man darüber liegt – wir liegen aktuell bei über 80 Prozent –, die Schulden pro Jahr um fünf Prozent zu senken hat. Ich erinnere mich, als Herr Schäuble und ich im Bundesverfassungsgericht saßen, ihn gefragt zu haben, welche Kürzungen eigentlich geplant seien, denn diese Regelung bedeute ja, dass wir die Schulden jährlich um 25 Milliarden Euro senken müssen. Darauf korrigierte er mich. Das sei völlig falsch, weil die Wirtschaftsleistung, das Bruttoinlandsprodukt, so wachsen werde, dass der Schuldenstand – wenn man ihn daran messe – geringer werde.

Im Prinzip hatte er natürlich recht.

Das Problem jedoch: Dann brauchen wir eine Steigerung der Wirtschaftsleistung von einem Prozent pro Jahr.

Die Prognose für 2013 geht aber von einem Wachstum von 0,4 Prozent aus.

Wir hatten auch schon einmal Jahre mit »Minuswachstum«.

Es ist also zu befürchten, dass wie immer vefahren wird: Schulden werden mit Sozialkürzungen abgebaut. Ich hörte von Geheimplänen im Bundesfinanzministerium, Stichwort »Witwenrente streichen,« und anderes. So geht das nicht!

Dieses geringe Wachstum von 0,4 Prozent hängt mit der falschen Politik gegenüber Südeuropa zusammen. Die Wirtschaftsleistung nimmt dort ab, die Steuereinnahmen nehmen dort ab, weil man es diesen Staaten so abfordert.

Die Folge ist, dass deutsche Exporte, wie schon gesagt, in diese Länder abnehmen. Ich habe mir das bei Opel in Bochum angesehen. Das Unternehmen soll geschlossen werden – mit verheerenden Folgen für die Beschäftigten und die Region. Ich sprach mit dem Betriebsratsvorsitzenden von VW. Er informierte über den dramatischen Rückgang der Verkäufe nach Italien, Portugal usw. Noch könne das durch eine Steigerung des Exports nach China, nach Brasilien und in die USA ausgeglichen werden. Noch.

Wir leben über unsere Verhältnisse. Dieses Ungleichgewicht zwischen Export und Import innerhalb der Euro-Zone kann auf Dauer nicht funktionieren. Der Export wird wahrscheinlich zurückgehen. Darauf kann es nur eine wirksame Gegenmaßnahme geben, nämlich die Binnenwirtschaft zu stärken. Das funktioniert aber nur über eine Erhöhung von Löh-

nen, Gehältern, Renten und Sozialleistungen. Es gibt keinen anderen Weg, um die Binnenwirtschaft zu stärken.

Angeblich soll es im kommenden Jahr 60.000 Arbeitslose mehr geben. Nur, fügt man an.

Mit dieser Statistik lässt sich vieles verschleiern. Zum Beispiel erfährt man nicht, dass in den vergangen zehn Jahren 1,6 Millionen Vollarbeitsplätze abgebaut worden sind.

Inzwischen arbeitet ein Viertel aller Beschäftigten im Niedriglohnsektor; das sind 7,9 Millionen Menschen. Ihre Zahl hat seit 2005 um 677.000 zugenommen.

Die Leiharbeit weitet sich aus.

Im Jahre 2003 hatten wir 5,5 Millionen Minijobs. Jetzt sind es 7,4 Millionen. Indem die Verdienstgrenze von 400 Euro auf 450 Euro angehoben wurde, nahm auch hier die Zahl zu.

Die Zahl der Teilzeitbeschäftigten stieg um 1,6 Millionen auf nunmehr 8,7 Millionen.

Zudem haben wir 1,3 Millionen Aufstockerinnen und Aufstocker. Die Jobcenter zahlen ihnen jährlich sieben Milliarden Euro. Man muss sich das einmal vor Augen führen: Die Hälfte von ihnen arbeitet Vollzeit, kann aber von dem Lohn nicht leben und muss mit Steuergeldern bezuschusst werden. Das ist ein Skandal. Wer einen Vollzeitjob hat, sollte Anspruch auf einen Lohn haben, von dem er in Würde leben kann.

Dafür brauchen wir den flächendeckenden gesetzlichen Mindestlohn. Ich bin überzeugt, dass wir ihn im Jahre 2014, spätestens im Jahr 2015 bekommen werden. Dem Zeitgeist werden sich auch die Regierenden auf Dauer nicht widersetzen können.

Auch wenn die Arbeitslosenquote von 11,7 auf 7,1 Prozent sank, stieg das Armutsrisiko von 14,6 auf 15,3 Prozent. Wieso ist das möglich? Vollzeitbeschäftigte wurden früher nie von Armut bedroht, warum jetzt? Das liegt an der mit der Agenda 2010 eingeführten prekären Beschäftigung.

Mit der Statistik wird offenkundig auch Schönfärberei betrieben. Das ist nicht hinzunehmen.

Ich erinnere mich daran, wie Herr Schäuble im Bundestag begründete, dass zur Sanierung des Haushaltes das Elterngeld für Hartz-IV-Empfänger gestrichen wird. Da habe ich gefragt: Was haben die falsch gemacht? Und ich habe darum gebeten, mir plausibel zu machen, weshalb sie für die Krise zahlen sollen, die sie doch nicht verursacht haben. Nein, natürlich kam keine Erklärung für diese soziale Ungerechtigkeit.

Und wir steuern auf eine Altersarmut zu, und Union und FDP weigern sich, etwas Wirksames dagegen zu unternehmen. Selbst der Vorschlag von Frau von der Leyen für eine Zuschussrente wurde abgelehnt. Das Rentenniveau soll bei 43 Prozent liegen. Viele verdienen aber nur noch 1.000 Euro oder weniger.

Der der Öffentlichkeit vorgelegte Jahreswirtschaftsbericht war wie schon der Armuts- und Reichtumsbericht geschönt und frisiert. Das erinnert mich fatal an vergangene Zeiten.

22.
Kein Export von Rüstungsgütern

Die Frage des Waffenexportes aus Deutschland ist in Anbetracht unserer Geschichte eine herausragende. Wir hätten eigentlich nach dem Zweiten Weltkrieg den Schluss ziehen müssen, nie wieder an Kriegen verdienen zu wollen. Jede Waffe findet ihren Krieg. Unter diesen Umständen hätte sich die Bundesrepublik Waffenexporte gänzlich und für alle Zeiten versagen müssen. Das hätten alle Nachbarn nicht nur verstanden, sondern gewiss auch begrüßt. Es wäre eine vertrauensstiftende und friedensfördernde Maßnahme gewesen.

Japan – bekanntlich auch ein faschistischer Aggressor im Zweiten Weltkrieg – hat genau diesen Schluss gezogen und bis heute keine Waffen mehr exportiert. Die Argumente, dass man dann politisch und ökonomisch kein Gewicht besäße, sind damit widerlegt. Japan wurde eine Wirtschaftsmacht, auch ohne Waffenexporteur zu sein. Aber, das gehört auch zur Wahrheit: Japan will das nun ändern und ebenfalls Waffen exportieren.

In Art. 26 unseres Grundgesetzes ist festgehalten, dass Angriffskriege verurteilt werden. Jedes Jahr sterben weltweit 500.000 Menschen durch Waffengewalt – das ist in jeder Minute ein Mensch.

Auch deutsche Waffen werden beim Töten benutzt. Seit 2006 gibt es Exportgenehmigungen von durchschnittlich acht Milliarden Euro pro Jahr. 2011 genehmigte die Bundesregierung Waffenexporte in 125 Länder im Gesamtwert von 10,8 Milliarden Euro. Bei der Frage von Rüstungsexporten gibt es eine große Koalition. Sowohl Union und

Symbolbefrachtet und flaggenbewehrt: der Bundestag

FDP als auch SPD und Grüne haben diese Waffen-ausfuhren genehmigt. Deutschland nimmt auf der Liste der Waffenexporteure den dritten Platz ein. Nur die USA und Russland verkaufen mehr Kriegs-material. Große Volkswirtschaften wie China, Groß-britannien oder Frankreich verkaufen also weniger Waffen als Deutschland.

Fast jede deutsche Waffe kann in fast jedem Land der Welt erworben werden.

Im Jahre 2011 lagen dem Bundessicherheitsrat, der über die Ausfuhr entscheidet, 17.586 Anträge auf Genehmigung des Exports von Waffen vor.

Lediglich 105 Anträge wurden abgelehnt. Das sind 0,005 Prozent. Die Behauptung, das Gremium handele restriktiv, ist offenkundig falsch. Fast jeder Antrag wurde abgenickt.

Wohin gehen diese deutschen Rüstungsgüter und Waffen?

In die Vereinigten Arabischen Emirate, sie liegen auf Platz drei der Importeure – eine Demokratie? Irak: Platz sechs – eine Demokratie? Algerien: Platz acht – eine Demokratie? Saudi-Arabien: Platz zwölf. Ein Land der Demokratie und der Menschenrechte? Ägypten: Platz 18. Diese Waffenexporte machen die Politik für Menschenrechte völlig unglaubwürdig.

Deutschland unterstützte die Kräfte des soge-nannten arabischen Frühlings, also die Rebellen in den arabischen Ländern. Mit deutschen Waffen marschierte Saudi-Arabien andererseits in Bahrain ein und schoss die Demonstranten zusammen. Dazu hörte man keinen Ton; in der Öffentlichkeit wurde das fast totgeschwiegen.

Im Konflikt in Libyen benutzten beide Seiten deutsche Waffen. Die Bundesregierung erklärte zwar: Gaddafis Soldaten hätte die Waffen gar nicht haben dürfen. Aber daran sieht man: Wenn man Waffen exportiert, weiß man nie, wo sie letztlich landen. Irgendwann und irgendwo wird damit getötet.

Viele Menschen bei uns glauben, es gäbe eine Vorschrift, dass keine Waffen in Krisen- und Kriegsgebiete verkauft werden dürften. Das wird immer gesagt, aber es stimmt nicht.

Es gibt dazu kein Gesetz.

Es gibt nur eine Verabredung, die aber nicht eingehalten wird.

Wir wollen Waffenexporte generell beenden. Und ein erster Schritt wäre die Verpflichtung, die Waffenlieferungen in den Nahen Osten komplett einzustellen. Das wäre ein klares Signal für einen Politikwechsel.

Sturmgewehre und Maschinenpistolen sind, wie ich mir sagen ließ, die eigentlichen Massenvernichtungswaffen des 21. Jahrhunderts. Mit ihnen werden mehr Menschen getötet als mit allen anderen Waffen zusammen.

Wäre es nicht der zweite Schritt, den Verkauf von Sturmgewehren und Maschinenpistolen zu untersagen? Ich will nicht, dass mit deutschen Waffen weltweit getötet wird.

An den Kampfdrohnen stört mich, dass sie keine Gefangenen machen können. Kampfdrohnen können nur töten. Und derjenige, der tötet, ist nicht einmal vor Ort. Er säße irgendwo in Berlin oder Bonn, drückte auf einen Knopf und tötete gezielt Menschen. Drohnen sind völkerrechtswidrig und sollten verboten werden.

Die Sitzungen des Bundessicherheitsrates erfolgen geheim, der Bundestag wird nicht einbezogen. Das alles verläuft mit sehr verspäteter Transparenz. Anders in den USA, womit bewiesen ist, dass es auch mit sofortiger Transparenz geht. Transparenz allein reicht natürlich nicht. Aber es wäre ein erster Schritt in die richtige Richtung.

Wenn Deutschland eines Tages beim Export von Waffen den letzten Platz einnähme, weil es ihn nicht mehr gibt, wäre ich glücklich. Es beunruhigt mich zutiefst, dass Deutschland an den Kriegen dieser Welt verdient.

23.
Keine Patriots nach Nahost

Deutschland besitzt zwölf einsatzfähige Patriot-Feuereinheiten, die uns seit 1989 immerhin 3,048 Milliarden Euro gekostet haben. Die Linke hat immer erklärt: Wir müssen darauf verzichten, die modernste Kriegstechnik einzukaufen. Sie ist auch die teuerste.

Die Mehrheit im Bundestag sah das immer anders. Es gibt kein Land, das Deutschland überfallen will oder vor dem es sich zurzeit besonders schützen muss. Wir brauchen nicht die modernste Kriegstechnik auf der Welt. Es handelt sich um eine riesige Verschwendung von Steuergeldern. Wer die modernsten Waffen besitzt, wird am häufigsten zum Krieg eingeladen. Denn die Türkei bat die USA, Holland und Deutschland um Hilfe gegen Syrien, weil diese Staaten die modernste Technik haben.

Mit Patriot-Raketen hätte man, so sagt es auch der Bundesverteidigungsminister, nicht ein einziges Geschoss abwehren können, das aus Syrien abgeschossen worden ist oder sein soll. Sie sind dafür ungeeignet. Eigentlich ist die Installation der Patriots sinnlos.

Dann wurde der Verdacht eines bevorstehenden Einsatzes von Chemiewaffen geäußert. Auch Assad weiß, dass dann die internationale Gemeinschaft einmarschieren könnte, deshalb wird er dies wohl nicht tun. Schon deshalb ist dieses Kriegsgeschrei Propaganda. Mit den Patriot-Raketen ließen sich im Übrigens auch Chemiewaffen nicht bekämpfen.

Warum also wird etwas an der türkisch-syrischen Grenze stationiert, das dort überhaupt nicht gebraucht wird? Das macht nur dann Sinn, wenn man eine Flugverbotszone plant und über deren Einhaltung wachen wollte. Der Außenminister und der Verteidigungsminister erklärten unisono, dass es diese Zone nicht geben werde.

Das ist ein schweres Eingeständnis von Untreue. Wir sollen 25,1 Millionen Euro bis zum 31. Januar 2014 für etwas ausgeben, das zwar nicht gebraucht wird, aber zur Beruhigung der türkischen Politiker beitragen soll? Wenn die türkische Regierung ruhiger zu schlafen wünscht, sollte sie besser auf die Einhaltung der Menschenrechte bei Oppositionellen, Kurden und Alawiten achten. Ein gutes Gewissen ist noch immer das beste Ruhekissen.

Wir kennen die Bedenken Russlands. Sicherheit in Europa kann es nur mit und nicht gegen Russland geben. Die schlimmste Katastrophe hätten wir, wenn der NATO-Bündnisfall einträte und die Bundeswehr in Syrien, also im Nahen Osten, Krieg führte. Nicht etwa auf Beschluss der UNO, nicht etwa, um die Einhaltung eines Waffenstillstandes zu kontrollieren, sondern auf Wunsch der Türkei im Rahmen des NATO-Bündnisses. Bereits mit dem Abschuss einer einzigen Rakete würden wir zur Kriegspartei werden, erst Recht im Bündnisfall.

Das darf Deutschland mit seiner Vergangenheit niemals werden. Wir können dort eine Rolle als Vermittler spielen, aber um Gottes willen nicht als Kriegspartei. Die Folgen wären verheerend.

Die Türkei stellt sich immer deutlicher gegen Israel. Die Bundesregierung steht auf der Seite Israels. Die Türkei unterstützt die Hamas. Die Bundesregierung redet nicht einmal mit der Hamas. Sie selbst begibt sich damit also auch noch in unlösbare Widersprüche.

Mir ist unklar, warum – wieder einmal – auch SPD und Grüne dieser riskanten Operation zustimmten.

In Anbetracht unserer Geschichte sollten wir gemeinsam verhindern, dass Deutschland überhaupt zur Kriegspartei wird und schon gar nicht im Nahen oder Mittleren Osten.

24.
Für den sozial-ökologischen Umbau

Warum haben wir einen PLAN B, ein rotes Projekt für den sozial-ökologischen Umbau, vorgelegt?

Weil Plan A, die herrschende Wirtschaftsordnung, fundamental falsch läuft. Plan A ist ein unsoziales Projekt. Plan A gefährdet zunehmend die Demokratie. Und Plan A bedroht das Fundament von allem – unsere natürlichen Lebensgrundlagen. Die Weltökologie könnte, wenn es so weitergeht wie bisher, aus dem Ruder laufen. Klimaforscher berichten ständig von neuen Rekorden. Allen Sonntagsreden zum Trotz wird immer mehr Kohlendioxid in die Atmosphäre geblasen. Pro Jahr mittlerweile weit über 30 Milliarden Tonnen weltweit.

Das offizielle Ziel, die Erderwärmung auf maximal zwei Grad zu begrenzen, wird kaum noch zu erreichen sein, sagen die Fachleute. Mit all den Folgen, die das künftig haben wird. Schlechte Nachrichten gibt es schon jetzt fast jeden Tag: Artensterben, Überfischung der Meere, Erosion der Böden. Die Botschaft ist klar: Wir überlasten den Planeten.

So wie es jetzt läuft, kann es nicht weitergehen. Und es wird auch nicht so weitergehen.

Entweder weil die Umkehr ausbleibt – dann wird es wohl sehr ungemütlich für uns auf der Erde.

Oder weil Mut und Weisheit zueinanderfinden. Dann kann gelingen, was notwendig ist: eine grundlegende Veränderung unserer Produktions- und Lebensweise.

Ich weiß: das sind große, fast pathetische Worte. Aber es geht auch um große Aufgaben. Leicht wird das nicht. Schon deswegen nicht, weil uns immer wieder eine andere Tagesordnung aufgezwungen wird. Vor allem jetzt in Europa. In Europa haben die sogenannten Rettungsschirme vor allem die Banken gerettet und im Gegenzug weite Teile der Bevölkerung in den Schraubstock des Sozialabbaus gezwängt.

Man muss sich hin und wieder die ganze Absurdität dieses Vorgangs vor Augen führen: Die von den Staaten Geretteten, die großen Vermögen und die großen Banken, diktieren ihren Rettern, den Staaten, die Bedingungen ihrer Rettung. Es ist unfassbar, aber es geschieht. Was Banken, Fonds und Rating-Agenturen verlangen, ist oberste Richtlinie der Politik.

Bleibt das so, dann ist in weiten Teilen Europas nicht nur die soziale, sondern auch die ökologische Entwicklung auf lange Zeit blockiert. Dann kommen auch Strategien ökologischer Gestaltung unter die Räder. Sie kommen unter die Räder, weil Europa – vom Schuldendienst blockiert – keine Kraft, keine Aufmerksamkeit mehr findet für die eigentlich viel wichtigeren Aufgaben.

Hinzukommt, dass der Rubel im Casino wieder rollt. Gegenwärtig sind nahezu alle wichtigen Preise, ob für Rohstoffe oder Nahrungsmittel, in großem

Umfang spekulativ verzerrt. So vergrößern Börsen und Investmentfonds die Armut weltweit, sorgen permanent für falsche Signale und lenken die Ressourcen in falsche Bahnen.

Vor diesem Hintergrund sollte die Schlussfolgerung klar sein: Wer die Erde als lebenswerte Welt erhalten will, muss die Macht der Finanzwelt brechen und politische Gestaltungskraft zurückgewinnen.

Der zweite Grund für unseren PLAN B: Wir brauchen eine positive Vision, radikal und realistisch. Eine Vision, die ermuntert und ermutigt. Eine Vision, die zeigt, dass neue, lebenswerte Perspektiven zu gewinnen sind, wenn man sich den großen Herausforderungen wirklich stellt.

Künftig geht es nicht nur um Atomausstieg und grünen Strom, sondern um eine ökologische Volkswirtschaft. Eine Bewältigung dieser historischen Aufgabe erscheint wohl nur dann auf dem Radarschirm der Vorstellungskraft, wenn Millionen Menschen sich aktiv, gestaltend und im eigenen Interesse dieser Aufgabe widmen. Sie werden das nur tun, wenn der Übergang zu ökologischem Produzieren und Konsumieren nicht eine Bedrohung, sondern ein Gewinn für das eigene Leben ist.

Deshalb kann der Umbau der Industriegesellschaft kein elitäres Projekt sein.

Ebenso mangelhaft wäre klassisches Politikmanagement nach dem Motto: Etwas sozialer Ausgleich muss schon sein, damit die Akzeptanz nicht schwindet. Mit diesem alten Denken, das im grünen Gewand Ungleichheit und Herrschaft stillschweigend als selbstverständlich voraussetzt, kann es keinen Neustart geben. Vielmehr sollte gelten: »Gleiches Recht für alle« – also gleiches Recht auf Naturnutzung, gleiche Pflicht zum Umweltschutz.

Gleichheit und Gerechtigkeit sind zentrale ökologische Themen. Denn jede Verteuerung des Ressourcenverbrauchs stößt schnell an Akzeptanzgrenzen, weil höhere Preise Gering- und Normalverdienerinnen und -verdiener spürbar treffen, Reiche dagegen kaum. Deshalb müssen alle, die es ernst meinen mit der Ökologie, die Verteilungsfrage stellen, die oberen Einkommen begrenzen und die unteren stärken.

Das Gegenteil zu tun – das war das große Versagen von Rot-Grün und nachfolgender Koalitionen. Wer die Ungleichheit massiv vorantreibt, wer Millionen Menschen die Planungsgrundlage fürs alltägliche Leben raubt, verbreitet Angst statt Zuversicht. Deshalb sagen wir ganz klar: Wer den umfassenden grünen Wandel will, darf das rote Projekt der Gleichheit nicht vergessen.

Je gerechter und deshalb angemessener die Einkommensunterschiede, desto mehr wachsen die Bereitschaft und die Fähigkeit zu ökologischem Handeln. Derselbe Zusammenhang gilt auch für Vermögen und Arbeitszeiten. Je mehr die notwendige Veränderung von Lebens- und Produktionsgewohnheiten ein gemeinsames Anliegen ist, desto größer wird die Motivation, daran selbst mitzuwirken. Wer den ökologischen Fortschritt will, muss für Angstfreiheit im Wandel sorgen.

Auch der allgemeine Ruf gegen Wachstum macht Ärmeren Angst. Wir müssen ein anderes, qualitatives

Wachstum, ein anderes, qualitatives Mehr fordern. Konkret heißt das zum Beispiel: Wir brauchen nicht nur Elektromobile, sondern eine Renaissance preisgünstiger und bequemer öffentlicher Verkehrssysteme, die es erlauben, den Pkw-Verkehr in Metropolen zu halbieren. Wir brauchen nicht nur schicke Öko-Gebäude, sondern auch lebenswerte, ökologisch sanierte und gleichzeitig erschwingliche Stadtquartiere, die Arbeit und Wohnen wieder zusammenbringen. Wir brauchen keinen ressourcenfressenden Luxuskonsum, sondern mehr kulturelle und soziale Dienstleistungen, die kaum Natur verbrauchen, aber spürbar den Wohlstand steigern. Verallgemeinert könnte man sagen: Wir müssen die ökologischen Effekte aufspüren und verwirklichen, die im Systemischen liegen.

Das aber verlangt die Fähigkeit zur Vision und politische Entschlossenheit. Wer nicht den Mut hat, Infrastrukturen umzubauen und im ökologischen Interesse angestammte Eigentumsprivilegien anzutasten, springt zu kurz.

Das häufig genannte Argument, dass die Politik nicht schlauer sein könne als der Markt, mag bei einzelnen Technologien zutreffen. Für das Ressourcenproblem insgesamt ist dieses Argument sicher falsch, wie sogar die schwarz-gelbe Bundesregierung indirekt zugibt, wenn sie ein Energiekonzept mit dem Planungshorizont von 40 Jahren vorlegt. Ohne politische Lenkung – das zeigen die früheren Erfahrungen intensiven Strukturwandels – ist ein zügiger Umbau wirtschaftlicher Aktivitäten nicht möglich.

Außerdem: Am Markt können ökologische Produkte gefragt sein, aber die Ökonomie entscheidet oft, sie nicht ökologisch herzustellen. Gesetzliche Vorgaben sind dabei wichtig. Aus dem gescheiterten Staatssozialismus konnte man aber lernen – und das ist im Kapitalismus nicht anders –, dass juristische Gesetze immer schwächer sind als ökonomische Gesetze. Deshalb muss das Gemeinwesen auch in eigener Regie, mit eigener wirtschaftlicher Kraft handeln können.

Und selbstverständlich haben wir noch einen dritten Grund für unseren PLAN B, der sich aus der aktuellen Situation ergibt.

Wir haben in einem 48-Seiten-Konzept Eingriffspunkte geschildert, die Erfolg versprechend erscheinen. Alternativen aufgezeigt, die denkbar und machbar sind. Und all das in einen systematischen Zusammenhang gestellt. Vieles ist umgehend zu verwirklichen, wenn gesellschaftlicher Druck den politischen Willen befördert. Oder wenn Bürgerinitiativen, Kommunen, Unternehmen und Genossenschaften selbst in die Hand nehmen, was sie im Sinne einer sozialen und ökologischen Zukunft für richtig halten. So sind bereits tausende Initiativen entstanden, die in eigener Regie saubere Energie erzeugen, den Autoverkehr durch neue Verkehrskonzepte deutlich reduzieren oder die energetische Sanierung von Wohnquartieren kostenneutral gestalten.

Diesen »Umbau von unten« gibt es längst. Aber vieles geht schneller und mit größerer gesellschaftlicher Wucht, wenn die Politik – statt zu bremsen und zu lähmen – den Umbau aktiv befördert.

Was möglich wird, wenn es verlässliche Regeln für den Umbau gibt, zeigt das Erneuerbare-Energien-Gesetz (EEG). Auf seiner Grundlage sind seit dem Jahr 2000 überall im Land Anlagen dezentraler Stromerzeugung entstanden. Die begonnene Energiewende demonstriert täglich, dass mächtige, mit Ministerialbürokratien eng verflochtene Interessengruppen kein übermächtiger Gegner bleiben müssen. Der Umbau herkömmlicher Wirtschaftsstrukturen ist machbar.

Die begonnene Energiewende offenbart allerdings auch, und gerade jetzt, in diesen Wochen: Sie wäre wesentlich populärer und unangreifbarer, wenn es eine gerechtere Kostenverteilung gäbe. So entsteht immer wieder die Gefahr, dass Ökologie und Gerechtigkeit gegeneinander ausgespielt werden.

Im Moment erleben wir eine verlogene Kampagne. »Energiewende retten – das EEG stoppen«. Das lässt die Initiative Neue Soziale Marktwirtschaft überall plakatieren und in Zeitungen drucken. Wir wissen, wer dahintersteckt, wer von mittlerweile fast 1,5 Millionen dezentralen Anlagen erneuerbarer Energie seine Geschäftsaussichten gefährdet sieht.

Damit solche Kampagnen von Konzernen ins Leere laufen, muss die Energiewende sozialer werden. Aktuell heißt das vor allem: Schluss mit den großzügigen Ausnahmen von Steuern und Umlagen für die Industrie; Stromtarife, die auch für ärmere Haushalte bezahlbar bleiben.

Eine wirklich soziale Energiewende wird nicht aufzuhalten sein. Auch nicht von der geballten Macht großer Konzerne, die drohen, täuschen und sich ihre parlamentarischen Gewährsleute halten. Dann kommt vielmehr die Alternative zum Zuge: saubere, möglichst dezentral erzeugte Energie in kommunaler Hoheit und in Kombination mit starkem bürgerschaftlichen Engagement und öffentlich kontrollierten Netzen. Mittlerweile gibt es hunderte Städte und Gemeinden, die praktisch demonstrieren, wie die regenerative Energiewende gelingen kann.

Jenseits dieser aktuellen Fragen geht es auch um eine Grundsatzentscheidung. Die Bundesregierung hat nach Fukushima ihre Energiepolitik geändert, aber die Tragweite der ökologischen Herausforderungen nicht begriffen. SPD und Grüne konzentrieren sich auf technische Veränderungen und schwärmen von einer neuen, von grünen Investitionen getragenen Welle des Wachstums, einem »Green New Deal«. Gemeinsam gehen unsere Konkurrenten im Bundestag davon aus, dass die Wirtschaftsordnung trotz der ökologischen Gefährdungen keiner grundlegenden Erneuerung bedarf.

Diese Auffassung teilen wir nicht.

In Anlehnung an Albert Einstein sage ich: Probleme kann man niemals mit derselben Wirtschaftsweise lösen, durch die sie entstanden sind.